EXPLOSIÓN DE LIDERAZGO

Cómo preparar líderes para multiplicar los grupos celulares

Otros libros del mismo autor:

Explosión de los grupos celulares en los hogares

Grupos de 12

Recoged la cosecha

Cómo dirigir un grupo celular con éxito

JOEL COMISKEY

EXPLOSIÓN DE LIDERAZGO

Cómo preparar líderes para multiplicar los grupos celulares

Editorial CLIE
Galvani, 113
08224 TERRASSA (Barcelona)
http://www.clie.es

EXPLOSIÓN DE LIDERAZGO
Cómo preparar líderes para multiplicar los grupos celulares

Publicado originalmente por *TOUCH Publications* con el título
LEADERSHIP EXPLOSION
Multiplying Cell Group Leaders to Reap the Harvest

Traducción: Edmundo Goodson

Depósito legal: B-30750-2002
ISBN: 84-8267-279-7

Impreso en los Talleres Gráficos de la M.C.E. Horeb,
E.R. nº 2.910 SE – Polígono Industrial Can Trias,
c/Ramon Llull, 5-7 – 08232 VILADECAVALLS (Barcelona)

Printed in Spain

Clasifíquese: 400 PASTORAL: Formación del líder
C.T.C. 01-05-0400-12
Referencia: 22.43.53

«¡Si sus grupos necesitan más líderes, este libro es para usted! El Dr. Comiskey demuestra cómo las iglesias eficaces desarrollan sus líderes. Luego le muestra cómo hacer lo mismo bosquejando los principios para el desarrollo del liderazgo, que funcionarán en cualquier iglesia. Este libro revolucionará todo su ministerio futuro.»

C. PETER WAGNER
Rector, Instituto Wagner de Liderazgo

«Una vez más, Joel Comiskey ha proporcionado un libro que contesta las preguntas de los que están en el movimiento de la iglesia celular. ¡Yo leí el manuscrito con pluma en mano, subrayando tantas frases de modo que quedaban muy pocas intactas! Este libro es una referencia excelente para los líderes celulares y bien podría incorporarse en sus cursos de entrenamiento actuales.»

RALPH W. NEIGHBOUR, HIJO,
Fundador, TOUCH Outreach Ministries

«Muchas gracias a Comiskey por un libro útil y práctico. Muchas estrategias para el crecimiento de la iglesia funcionan a corto plazo, pero sólo la multiplicación de los líderes logra la expansión continua del reino. Este libro comunica los principios bíblicos, probados y eficaces. ¡Cómase este libro! Permita que él modele su corazón, su visión y sus estrategias.»

JIM EGLI
Autor, Pastor, Entrenador en TOUCH

«Joel Comiskey comparte sus visiones como un líder que ha levantado a muchos líderes. Desde cómo reconocer a los líderes potenciales, hasta el entrenamiento de los líderes celulares, hasta los principios para el liderazgo comprobados a través del tiempo: este libro lo tiene todo. Las comparaciones exactas de varios modelos de entrenamiento hacen que sea un gran recurso para los que desean levantar más líderes. ¡Un gran libro!»

BILL HORNSBY
Director Nacional, Red de la Iglesia Celular Betania

«Comiskey proporciona una vista panorámica inspiradora del liderazgo en este libro. Los últimos capítulos que bosquejan las pautas, los modelos y principios para entrenar líderes de grupos celulares eficaces, probarán ser especialmente útiles para las iglesias que intentan desarrollar más líderes.»

KAREN HURSAN
Ministerios Hurston

«Joel tiene la capacidad divina de tomar la información vital del reino compilada del cuerpo de Cristo y la resume para que las iglesias puedan entender claramente y aplicar prácticamente estas verdades. Recomiendo mucho este libro para todos los que han tomado en serio el entrenamiento de los líderes para la cosecha.»

LARRY KREIDER
Director Internacional, Comunidad Cristiana Internacional DOVE

RECONOCIMIENTOS

Este libro ha llevado años para investigar, escribir, revisar, perfeccionar, revisar otra vez, perfeccionar, revisar... y finalmente sale a la luz. En ese largo proceso, muchas manos y ojos han manejado y han contribuido al trabajo final. Varias personas merecen un reconocimiento especial.

Primero, quiero agradecer a Greg Collard, un profesor en la Academia de la Alianza en Quito, Ecuador, por gastar muchas horas revisando el original de este libro. Aunque Greg es muy conocido por su especialización para la edición, se negó a recibir una remuneración por su trabajo, insistiendo que estaba haciéndolo para el Señor.

En segundo lugar, quiero agradecer a mi editor, Scott Boren, por ofrecer una visión y sugerencias valiosas durante el largo proceso que ha culminado ahora finalmente en su publicación. Finalmente, quiero agradecer a mi esposa, Celyce, por su estímulo incesante y sus sabios consejos durante todo el camino.

ÍNDICE

INTRODUCCIÓN:
NECESITAMOS MÁS LÍDERES

No hace mucho miré un vídeo llamado «La Cosecha» que cuenta la historia verídica de un muchacho en una granja que perdió a su padre. El granjero había recalcado a su hijo la importancia del tiempo de la cosecha. Cuando tenía doce años su padre murió, justo antes de la cosecha del grano. El pesar golpeó al muchacho, y se enfermaba pensando en el grano que estaba pronto para la cosecha y que no había nadie para recogerla. Él sabía que no podría segarlo solo. Mientras el sol caía con fuerza, el miedo de perder la cosecha lo agobiaba.

Una tarde un sonido lejano incrementó su estado de ansiedad. Pero cuando levantó la vista veía docenas de tractores que se acercaban a la granja. Sus amigos y vecinos se habían reunido para recoger la cosecha. Era la manera como expresaban su aprecio por su amigo difunto. En un día, recogieron toda la cosecha.

Hoy estamos viendo la mayor cosecha de almas en toda la historia cristiana. Éstas son las buenas noticias. Las malas noticias son, sin embargo, que una gran parte de la cosecha no se ha completado y que a menudo se pierde. La cosecha está lista pero se necesitan obreros para recogerla con éxito. Cuando Jesús vio las multitudes alrededor de Él, dijo a sus discípulos: «¿No decís vosotros: "Aún faltan cuatro meses para que llegue la siega"? Yo os digo: Alzad vuestros ojos y mirad los campos, porque ya están blancos para la siega» (Jn. 4:35). Jesús le dijo a la iglesia que hiciera discípulos, no que reuniera a las multitudes. Si la iglesia va a recoger la cosecha hoy, debe hacer discípulos que estén dispuestos a guiar a otros y que estén dispuestos a influir en otros por la causa de Cristo. Ellos deben correr el riesgo para dirigir a los que buscan a Cristo.

Tan a menudo vemos a las multitudes pero no el terrible estado en el cual se encuentran. Jesús hizo más que analizar la condición de los perdidos. Él tuvo compasión de ellos porque «... estaban desamparadas y dispersas como ovejas que no tienen pastor» (Mt. 9:36). Esta compasión conmovió a Cristo como para exhortar a sus seguidores: «Rogad, pues, al Señor de la mies, que envíe obreros a su mies» (Mt. 9:36-38). No podemos recoger la cosecha solos. Necesitamos ayuda. Este libro nos enseña sobre la preparación de líderes para recoger la cosecha.

Yo he realizado muchos estudios acerca de los grupos pequeños alrededor del mundo. He descubierto lo siguiente: Los grupos pequeños no son la respuesta. La verdad es que existe un peligro cuando pensamos que los grupos pequeños son la respuesta. Los grupos pequeños vienen y van; crecen y decrecen con el tiempo. A menos que los miembros de los grupos pequeños se conviertan en los líderes de los grupos pequeños, muy poco fruto permanecerá a largo plazo.

Las iglesias no recogen la cosecha porque tienen grupos pequeños. Ellos recogen la cosecha porque tienen los obreros para recogerla. Las iglesias que no tienen ningún plan para desarrollar a las personas, por defecto, han hecho planes para perder la cosecha.

«El crecimiento del movimiento celular está basado en el surgimiento de los líderes desde adentro. La mayor prioridad del líder de una célula es la de identificar a los aprendices potencia-

les y empezar el proceso como su mentor.»[1] Con esta cita, Gwynn Lewis identifica el propósito de este libro. Los líderes celulares no son llamados principalmente para formar y mantener los grupos celulares; su principal tarea es encontrar, entrenar y liberar nuevos líderes.[2] Jim Egli se extiende en su comentario sobre este mismo punto: «El modelo de la célula no es una estrategia para un pequeño grupo; es una estrategia para el liderazgo. El enfoque no es el de empezar grupos caseros, sino el de capacitar a un número cada vez mayor de líderes que cuiden de los demás. Si usted tiene éxito en esto, su iglesia florecerá».[3]

Algunos reaccionan negativamente ante la palabra *líder* por sus connotaciones de posición y poder. Por ejemplo, en algunas culturas, un líder es una persona que controla y domina. Otros imaginan que un líder cristiano debe tener una posición oficial en la iglesia. Recientemente, sin embargo, se ha desarrollado un sentido que define este vocablo *líder* con una sola palabra: influencia.[4] «Cuando yo utilizo la palabra *líder* en este libro, me refiero a una persona que ejerce su capacidad dada por Dios para ejercer su *influencia* sobre un grupo específico del pueblo de Dios hacia los propósitos de Dios para el grupo.»[5] En este libro, el uso que yo le doy a la palabra líder implica las palabras bíblicas como *siervo*, *discípulo*, *u obrero de cosecha*.

Espero que leyendo este libro, usted logrará tener la visión de un líder de grupos pequeños; de este modo usted verá a su congregación de una manera diferente. ¡Qué diferencia representó en mi iglesia cuando empezamos a ver a las personas con los ojos de un líder! Durante años nuestra concentración era principalmente en la asistencia al culto el domingo por la mañana. Nos considerábamos exitosos porque llenábamos los bancos el domingo por la mañana. Si la asistencia disminuía, rápidamente planeábamos eventos especiales el domingo para invertir la tendencia descendente. Hoy día todavía anhelamos tener multitudes el domingo por la mañana, pero reconocemos ahora que el concepto de Dios de su iglesia es más que las personas que asisten el domingo por la mañana. Ahora le damos prioridad a la conversión de los que vienen al culto en líderes celulares que están alcanzando a sus vecinos para Cristo. Nuestra meta anual es cuántos nuevos grupos celulares vamos a comenzar. Hemos descubierto el arma secreta de la iglesia celular: desarrollar un ejército de líderes celulares comprometidos para recoger la cosecha.

Este libro extrae los principios de cada una de las iglesias celulares más prominentes alrededor del mundo, para que usted pueda aplicar lo más adecuado para sus necesidades actuales. Visité y estudié las siguientes iglesias celulares de más rápido crecimiento, que incluyen, pero no son las únicas:

- Centro de Oración Mundial Betania en Baker, LA
- Iglesia del Pleno Evangelio Yoido en Seúl, Corea
- Misión Carismática Internacional en Bogotá, Colombia
- Centro Cristiano de Guayaquil, Ecuador
- Iglesia Elim en San Salvador, El Salvador
- Iglesia Amor Viviente en Tegucigalpa, Honduras
- Iglesia Aguas Vivas en Lima, Perú

También estudié muchos modelos para la capacitación de los líderes celulares en los Estados Unidos de Norteamérica, que han contribuido para que este libro pueda ser completado.

Mientras lea lo que las otras iglesias celulares están haciendo, recuerde el axioma para el crecimiento de la iglesia: «No siga

los métodos; extraiga los principios subyacentes de los métodos y aplíquelos a su situación». Sus circunstancias son únicas. Los métodos que practican las otras iglesias no satisfarán totalmente sus necesidades. Los principios detrás de esos métodos, sin embargo, se pueden transferir a cualquier situación, incluyendo la suya. Si usted capta la importancia del desarrollo del liderazgo celular y obtiene la visión de cómo realizarlo, este libro habrá servido su propósito.

I. Fundamentos para el desarrollo de los líderes celulares

CAPÍTULO 1

LAS BARRERAS EN EL DESARROLLO DE LOS LÍDERES

«Nuestros líderes están cansados», me dijo el pastor. «Ellos han estado dirigiendo un grupo pequeño durante algún tiempo ahora, y quieren tomarse un descanso. ¿Qué debo decirles?» Sin esperar mi contestación, siguió probándome con sus propias respuestas. «Quizá yo deba dejarles descansar por un tiempo; o quizá yo deba abrir y clausurar los grupos cada semestre. ¿Qué debemos cambiar?»

Me di cuenta de que su iglesia ya estaba llena de actividades, y que pronto agregarían otros programas nuevos a la agenda. Esperando una respuesta milagrosa, él asistió a mi seminario celular en el que enfaticé la eliminación de la barrera del liderazgo. Les enseñé a los que asistieron cómo desarrollar obreros nuevos y cómo mantener su actual liderazgo en un estado saludable. Me agradeció profusamente después del seminario, el cual había tocado una parte vital en su propia vida y ministerio. Este pastor, al igual que muchos, se enfrentan a la barrera del liderazgo.

Las iglesias se levantan o caen según los líderes que tengan disponibles. Una de las razones por la cual la asistencia a la iglesia está siempre en un nivel reducido es por la falta de líderes.[1] A menos que usted tenga un plan claro para desarrollar a los asistentes a la iglesia en los líderes de la iglesia, la reducción y el flujo de la asistencia a la iglesia seguirá decayendo. ¿Por qué existe dicha carencia de líderes no ordenados? Aquí les presento algunas de las razones:

ENFOQUE DE ASISTENCIA DE IGLESIA

Yo creo en el crecimiento de la iglesia. Mi filosofía fundamental de la iglesia se centra en la teoría del crecimiento de la iglesia, y yo creo que Dios quiere que Su iglesia crezca en calidad y en cantidad. Si el enfoque principal, sin embargo, es cuántas personas asisten el domingo por la mañana (N. del T.: o por la noche), esto puede ocasionar una ausencia de líderes.

Cuando una iglesia tiene como prioridad la asistencia al culto el domingo por la mañana, las personas sienten como que han cumplido su propósito simplemente por asistir. La meta es la asistencia el domingo y los miembros oyen esto de muchas maneras sutiles. Una iglesia, sin saberlo, puede producir una gran multitud que sigue cambiando mientras las personas entran y salen. La puerta trasera es a menudo tan grande como la puerta delantera y mientras tanto, se desarrollan muy pocos líderes.

Pedro es un ejemplo perfecto de esta enfermedad. Él vino a nuestra iglesia después de haber estado muchos años en una iglesia denominacional que enfatizaba el culto del domingo de mañana. Dios había salvado a Pedro milagrosamente de vivir una vida desordenada, pero la iglesia no encontró ninguna ocupación para él. Cuando vino con nosotros, inmediatamente vimos su potencial. Le pedimos que hiciera la senda de entrenamiento para finalmente llegar a ser un líder celular. Mientras tanto, uno de nuestros líderes celulares juveniles empezó a dirigir un grupo en la casa de Pedro. No consideramos a Pedro como un mero asistente a nuestra iglesia. Más bien, lo vimos como un líder potencial en la cosecha e incluso un futuro líder de líderes.

De 1991 a 1997 enfatizamos prioritariamente la asistencia el domingo por la mañana y crecimos cada año. Sin embargo, en 1997, limpiamos la casa. Examinamos el funcionamiento interno de nuestra iglesia y no nos gustó lo que encontramos. Un porcentaje sumamente pequeño de los asistentes del domingo realmente participaba en la oración, en el entrenamiento y en los grupos pequeños. Nuestro énfasis desmedido del domingo de mañana producía pocos líderes. Estábamos haciendo todo el trabajo y estábamos viendo muy poco fruto.

Cuando su iglesia empiece a enfocar en los líderes en vías de desarrollo, los que asistan al culto del domingo cobrarán una visión mayor y llegarán a ser pescadores de hombres, y de este modo alcanzarán a otros. El resultado es el crecimiento de la iglesia, exactamente lo que desean los pastores. Con nuestro nuevo énfasis en producir líderes, estamos experimentando lo mejor de ambos mundos. Estamos experimentando los mayores niveles de asistencia y ofrendas, pero nuestro énfasis está en el desarrollo del liderazgo. Tenemos nuestro pastel y también lo estamos comiendo.

MENTALIDAD PARA EL ENTRENAMIENTO ACADÉMICO

Muchos líderes de las iglesias saben desarrollar maestros pero no líderes. La enseñanza, no el liderazgo, domina la agenda. La primera posición voluntaria para llenar es la del maestro de la Escuela Dominical. Cuando se llenan los puestos de la Escuela Dominical, posiblemente el pastor querrá buscar gente comprometida para dirigir otros programas de la iglesia, pero la persona no ordenada, creativa y enérgica es bloqueada. Dado que existen pocas posiciones para el liderazgo, los que aspiran a dirigir se sienten frustrados.

Ser un líder es más que ofrecerse para realizar una tarea en la iglesia. Los líderes guían a las personas. Un líder sin nadie que le siga sólo está dando un paseo. Un maestro puede impartir la información y un jefe de departamento puede administrar un programa, pero los líderes ministran a otros e influyen en sus vidas. Ellos se involucran en los detalles fundamentales de otras personas. Esto requiere cambiar del entrenamiento académico a un entrenamiento para el liderazgo.

ENTRENAMIENTO PARA EL LIDERAZGO DEFECTUOSO

La educación cristiana en muchas iglesias simplemente no favorece la movilización de los líderes no ordenados. La meta del entrenamiento no es clara y el proceso de entrenamiento es aún más borroso. Todos son estimulados a entrar en las clases, pero muy pocos saben para qué se están entrenando. La esperanza es que los líderes se desarrollarán por sí mismos. A menudo, esta barrera es imperceptible. «Después de todo», piensan muchos pastores, «yo tengo muchos líderes en mi iglesia». Cuando usted lo examina más estrechamente, a menudo descubrirá que algunos líderes autodidactas fueron formados y desarrollados fuera de la iglesia.

La frase «educación general» caracteriza el entrenamiento en la mayoría de las iglesias. A menudo la meta consiste en preparar a una persona para vivir la vida cristiana, en lugar de prepararla para dirigir un grupo de personas. No estoy criticando en absoluto la educación general. Mis ansias por aprender me propulsaron para adquirir un doctorado (Ph.D). El aprendizaje durante toda la vida, en realidad, es un rasgo del liderazgo altamente valorado. Las iglesias, sin embargo, están en una posición muy favorable para ayudar a ejercitar los músculos de estos aprendices perpetuos y transferir los conocimientos desde la cabeza a los pies. Los líderes eficaces bajan de la torre alta y tienen éxito en las trincheras, donde la batalla por las almas se gana o se pierde.

Sin embargo, incluso cuando una persona se siente preparada, hay a menudo una falta de oportunidades disponibles para el servicio. Por estas razones y otras, algunas personas claves hacen todo el trabajo. Los investigadores han descubierto repetidamente que en la mayoría de las iglesias, el 10% de las personas hacen el 90 % del trabajo.

Incapacidad para guiar a otros

Los estudios demuestran que la cultura norteamericana es la más individualista en todo el mundo.[4] Esta mentalidad no estimula una postura humilde de aprendizaje y para ayudar a otros en una relación como mentor. Ser el mentor de otros, una experiencia de relacionamiento mediante la cual una persona capacita a otra compartiendo los recursos dados por Dios, no es algo común en nuestra sociedad.[5] La mayoría de nosotros aprendemos las verdades nuevas por ósmosis –muchos conocimientos que llegan hasta nosotros por una amplia gama de fuentes.

Con gratitud lo digo, otros han trabajado para atravesar mi caparazón y me ayudaron para mi formación. Tuve el privilegio de trabajar bajo el pastor Henry Alexander, un pastor que fue mi mentor. Él me tomó bajo sus brazos y me impartió años de experiencia. Cuando yo lo miraba a Henry en su entierro, di gracias a Dios por los recursos que él derramó a raudales en mi vida. Le dije a la iglesia atestada de gente esa mañana: «El pastor Henry era un padre espiritual para mí». Más que nada, él estaba allí para mí.

Hay muy pocos mentores como el pastor Henry. Un pastor bajo el cual yo trabajaba desarrollaba muy pocas relaciones con los demás (incluyéndome a mí), mostraba un aire de superioridad (en lugar de tener una actitud de uno que está aprendiendo) y al final le pidieron que se fuera de la iglesia. El fracaso de no discipular a los líderes potenciales ha levantado una gran barrera del liderazgo en la iglesia hoy día.

LA TEOLOGÍA DEL SACERDOCIO DE LOS CREYENTES

La teología pastoral en la escuela bíblica tradicional o seminario enfoca principalmente en lo que el pastor debe hacer. Para ser honesto, me enamoré de esta visión del pastor. Idealicé el papel del pastor, gozando en secreto acerca de la cantidad de personas que dependerían de mí en mi ministerio en el futuro. En numerosos cursos de teología pastoral, me enseñaron cómo visitar, predicar, realizar casamientos, entierros, administrar, evangelizar y todas las demás tareas del pastor. El mensaje claro que yo recibía era que todo dependía de mí, el pastor titular.

Quizás los seminarios simplemente reflejan lo que la mayoría de las iglesias espera: que el pastor trabaje y haga que todo suceda. Después de todo, le pagan para hacerlo. La sugerencia de que los miembros deben hacer el trabajo del ministerio es una ofensa para algunos. Las expectativas de los miembros de la iglesia junto con el entrenamiento pastoral tradicional, levantan una enorme barrera para el liderazgo.

Aunque la iglesia ha hecho un buen trabajo entrenando a las personas para ir directamente a Dios, en términos generales, ha fallado en el entrenamiento de las personas para ministrar a otros. El pastor todavía es considerado el sacerdote, el único capaz de ministrar. Esta barrera, junto con la falta del discipulado, produce una iglesia de espectadores que observan la actuación pastoral todos los domingos. Largamente acostumbrados a sentarse y absorber la información, los «catadores del sermón» en muchas iglesias se vuelven expertos en criticar al pastor y refunfuñar cuando sus necesidades no son satisfechas. Cuán lejos hemos caído

del cristianismo del Nuevo Testamento de aquel día cuando Pedro describió a la iglesia como «... linaje escogido, real sacerdocio, nación santa, pueblo adquirido por Dios» (1 P. 2:9).

¿Sencillamente, cuál es el papel del pastor? ¿Cuidar a los que asisten a la iglesia todas las semanas? ¿Ofrecer cultos para los que pagan los diezmos? Esto va al corazón del problema y es la razón principal por la cual se ha escrito este libro. Quizá usted está leyendo este libro como un pastor frustrado que busca respuestas. Usted está cansado del papel tradicional del pastor. Se siente como si estuviera encerrado en una caja, jugando a una relación de «donde las toman las dan» con los miembros de la iglesia y las juntas de la iglesia. Este libro sugiere que vuelva a examinar las Escrituras acerca del papel del pastor. La teología debe engendrar la práctica y no al revés. Muchos de los problemas en la iglesia hoy día surgen de una teología defectuosa.

CÓMO LOS GRUPOS PEQUEÑOS ROMPEN LAS BARRERAS

El ministerio de los grupos pequeños no provee el curalotodo para todos los problemas en la iglesia local. Sin embargo, satisface varias necesidades claves. En primer lugar, provee un papel importante para las personas no ordenadas. Como dice Carl George: «Estoy convencido de que los laicos toman el ministerio a un grupo reducido de personas tan en serio que prefieren un papel como líder de la célula antes que cualquier otro oficio o título de honor en la iglesia».[6] El ministerio de los grupos pequeños prepara a las personas para pastorear, evangelizar, administrar, cuidar a otros y para usar sus dones y talentos. Los laicos sienten que están haciendo algo importante.

En segundo lugar, el ministerio de los grupos pequeños es el terreno de entrenamiento perfecto para los futuros líderes en la

iglesia. Los grupos pequeños han sido llamados acertadamente *«criaderos de líderes»*. Las personas aprenden a trabajar. Son capacitados para el ministerio. Son estimulados a ejercer sus dones. Desarrollan la visión. Finalmente, llegan a ser líderes. Yo comencé mi ministerio en un grupo pequeño. Aprendí a dirigir, enseñar, exhortar, administrar y sobre todo, a pastorear un pequeño grupo de personas. Los potenciales líderes abren sus alas para volar en la atmósfera de un grupo pequeño. Toman pasos de bebé dirigiendo un grupo: adoración, oración, y finalmente la lección para el pequeño grupo. Los que serán líderes en el futuro aprenden a través de un creciente proceso de hacer y aprender.

En tercer lugar, el ministerio de los grupos pequeños hace el trabajo del pastor más fácil, porque los líderes de los grupos pequeños asumen un papel pastoral; ellos hacen el trabajo del ministerio y de verdad atienden a las necesidades de la congregación y también evangelizan a los que no son cristianos. Encontramos aquí un paralelismo con los apóstoles y las necesidades de la iglesia primitiva. Cuando los judíos griegos se quejaron contra los judíos hebreos porque sus viudas habían sido pasadas por alto en la distribución diaria de las comidas, la iglesia primitiva reunió a todos los discípulos y les dijeron: «No es justo que nosotros dejemos la palabra de Dios para atender a las mesas. Buscad, pues, hermanos, de entre vosotros, a siete hombres de buen testimonio, llenos del Espíritu Santo y de sabiduría, a quienes encarguemos este trabajo. Nosotros persistiremos en la oración y en el ministerio de la palabra» (Hch. 6:1-4).

Ubicando a las personas en los grupos pequeños no garantiza el desarrollo de los líderes. Ése Ubicando a las personas en los grupos pequeños no garantiza el desarrollo de los líderes. Ése es sólo el principio. Primero, usted debe ver a las personas de la iglesia como Dios las ve.

CAPÍTULO 2

DESARROLLO PARA TODOS

Un estudio de trescientas personas muy exitosas tales como Franklin Roosevelt, Helen Keller, Winston Churchill, Alberto Schweitzer, Mahatma Gandhi, y Alberto Einstein, reveló que el veinticinco por ciento de las mismas eran discapacitados, sufriendo de ceguera, sordera, o con los miembros lisiados. Los demás habían nacido en la pobreza, venían de hogares divididos, o de situaciones sumamente tensas o muy perturbadoras.[1]

A veces fracasamos en nuestra búsqueda de líderes potenciales porque estamos buscando las cosas equivocadas. A menudo buscamos a los que encajan bien con nuestra personalidad pero pasamos por alto a los que siguen un ritmo diferente.

Samuel juzgó mal la opción del Señor cuando buscaba el segundo rey para Israel porque se fijó en la altura y estatura: «Aconteció que cuando ellos vinieron, vio él (Samuel) a Eliab, y se dijo: "De cierto delante de Jehová está su ungido". Pero Jehová respondió a Samuel: "No mires a su parecer, ni a lo grande de su estatura, porque yo lo desecho; porque Jehová no mira lo que mira el hombre, pues el hombre mira lo que está delante de sus ojos, pero Jehová mira el corazón"» (1 S. 16:6-7).

Isaí estaba tan sorprendido como Samuel de que sus hijos mayores no fueran elegidos. Ni siquiera había considerado la posibilidad de invitar al niño pastor David a la ceremonia. Pero aunque David era un joven «apuesto», «... Jehová dijo: "Levántate y úngelo, porque éste es"» (1 S. 16:11-12).

Dios tiende a usar a los jóvenes apuestos que están totalmente comprometidos con Él. Nuestra tendencia es de colgar lazos educativos alrededor de los líderes en ciernes. Sin embargo, la cosecha es tan abundante y los obreros son tan pocos que Dios quiere que consideremos todas las posibilidades de liderazgo alrededor de nosotros.

La elección de Cristo de los doce

Es sorprendente que Jesús no escogiera a los hombres importantes y prominentes para formar parte de Sus doce. Ninguno de los discípulos de Cristo ocupó posiciones importantes en la sinagoga; ninguno de ellos perteneció al sacerdocio levítico. Más bien eran trabajadores comunes, sin ningún entrenamiento profesional, sin un grado académico, y tampoco habían heredado riqueza alguna. La mayoría se crió en la zona pobre del país. Eran impulsivos, temperamentales, y se ofendían fácilmente. Jesús traspasó las barreras que separaban lo limpio de lo inmundo, lo obediente de lo pecaminoso. Él convocó al pescador al igual que al publicano (cobrador de impuestos) y al zelote. Jesús vio el potencial oculto en ellos. Descubrió un espíritu capaz de recibir la enseñanza, honestidad, y con muchas ganas de aprender. Ellos tenían hambre de Dios, y una sinceridad para mirar más allá de la hipocresía religiosa de su día, y estaban buscando a alguien que los condujera a la salvación. Cuando llamaba a los marginados hacia Él; cuando se sentaba a comer con los publicanos; cuando comenzó la restauración de una mujer samaritana, Jesús demostró que incluso estas personas eran bienvenidas en el reino de Dios.

UNA PALABRA A LOS PASTORES

Pastor, la mayoría de los problemas del liderazgo puede resolverse si usted está dispuesto a desarrollar a los laicos dentro de su propia congregación. Ciertamente, esto requerirá que usted abra su corazón a un espectro más amplio de laicos en su iglesia. En este capítulo, he mencionado cuatro categorías de laicos potenciales: cristianos jóvenes, mujeres, los que tienen menos posibilidades, y los que necesitan liberación. Con esto no les estoy aconsejando que de inmediato lance a los laicos para ministrar a los grupos pequeños. Todos los líderes potenciales necesitarán entrenamiento para entrar en el ministerio de los grupos pequeños. Cubriremos el tema del entrenamiento de los grupos pequeños en otros capítulos más adelante. Ahora sólo quiero ampliar el alcance de su visión para los líderes potenciales en su iglesia.

CRISTIANOS JÓVENES

Una de las evangelistas más eficaces del Nuevo Testamento era la mujer de Samaria –una recién convertida de unas pocas horas–. Inmediatamente después de su encuentro con Dios leemos que la mujer samaritana entró en acción:

> «[Ella]… fue a la ciudad y dijo a los hombres: "Venid, ved a un hombre que me ha dicho todo cuanto he hecho. ¿Podría ser éste el Cristo?" Entonces salieron de la ciudad y vinieron a Él… Muchos de los samaritanos de aquella ciudad creyeron por la palabra de Él, y decían a la mujer: "Ya no creemos por lo que has dicho, pues nosotros mismos hemos oído y sabemos que verdaderamente éste es el Salvador del mundo, el Cristo"» (Jn. 4:28-30, 39-42).

¿Cuánto tiempo le tomó a la mujer samaritana para entrar en el ministerio? ¡El tiempo suficiente como para entrar en la ciudad y regresar! No pierda la oportunidad de usar a los creyentes más nuevos en el liderazgo celular. Jesús no lo hizo; Pablo tampoco.

Fátima, una cristiana recientemente bautizada, plantó la primera célula hija de mi propio grupo pequeño en Quito, Ecuador. Atacada de una enfermedad de debilitamiento de los huesos, ella se sentía impulsada a compartir el evangelio mientras había tiempo. Con el celo que caracterizaba a la mujer samaritana, Fátima reunió a su familia que todavía no era cristiana, y a sus amistades, para la primera reunión. Su casa estaba repleta; algunos habían llegado dos horas antes. Escucharon el mensaje del evangelio con muchísima atención y durante los meses que siguieron, algunos de ellos decidieron seguir a Jesucristo. El celo y la eficacia de Fátima me mostraron la importancia de usar a los creyentes más nuevos en el ministerio de los grupos pequeños.

Pedro Wagner nos recuerda que el potencial para la evangelización es mucho mayor en los creyentes nuevos que en los más maduros.[2] Esto se debe principalmente al hecho de que los creyentes nuevos todavía tienen contactos con los no-cristianos. Los creyentes nuevos están llenos de entusiasmo. Cuando no se les permite evangelizar o servir enseguida, se estancan y pierden su entusiasmo. Muy a menudo nuestro problema consiste en que no vemos las posibilidades en el futuro. Simplemente no somos capaces de relacionar a la persona que va por el pasillo para recibir a Jesús con la posibilidad de su liderazgo en el ministerio celular. Debido a la falta de una guía apropiada, muchos líderes celulares potenciales se escapan por la puerta trasera.

Mujeres

Cuando visité la Iglesia del Pleno Evangelio Yoido en 1997, yo quería saber cómo esta iglesia tiene éxito levantando a tantos líderes celulares. Una respuesta clara es que Cho confía en su pueblo laico. Él cree en el sacerdocio de todos los creyentes –sean hombres o mujeres.

Hoy, la iglesia de David Cho es el primer ejemplo de un ministerio celular que fue iniciado por mujeres y que usa a las mujeres como la inmensa mayoría de sus líderes celulares.[3] Durante años, Cho probó de hacer todo él mismo. Una noche intentó bautizar a 300 personas, y tuvo un quebranto físico que le costó diez años para superar. Su doctor le prescribió un descanso estricto en su casa. Desesperado, pidió a su junta de ancianos para que le ayudaran a pastorear la iglesia. Ellos se negaron; inclusivo consideraron la posibilidad de encontrar otro pastor.[4] Con pocas alternativas, reunió a todas las mujeres líderes en su iglesia, diciendo: «Yo necesito que ustedes me ayuden a pastorear esta iglesia». Ellas dijeron: «Sí, pastor, nosotras le ayudaremos». Ellas empezaron a pastorear y cuidar a la iglesia a través del ministerio celular. Cuando Cho tuvo su quebranto físico, había unas 3.000 personas en su iglesia. Cuando se recuperó finalmente en 1978, había 15.000 personas en su iglesia.

Hoy día en la iglesia de Cho más de 19.000 de los 25.000 grupos celulares son dirigidos por mujeres.[5] Las mujeres que dirigen los grupos celulares en la iglesia de Cho no son consideradas maestras de la Biblia con autoridad. Más bien, su autoridad se deriva de su sumisión al liderazgo del pastor Cho. Estas mujeres líderes son consideradas como facilitadoras que ministran bajo el pastor Cho. Su trabajo es estimular la vida espiritual del grupo visitando, orando, y ministrando a todos los miembros. La Iglesia de la Comunidad de Nueva Esperanza en Portland, Oregón, con-

sidera a sus mujeres líderes de la misma manera. En esta iglesia hay una misma cantidad de hombres y mujeres como Pastores Laicos.[6]

La mayoría de las iglesias de crecimiento más rápido hacen un uso importante de las mujeres en el ministerio. Este fenómeno no es nuevo. Allá en los tiempos cuando Wesley trastornó Inglaterra por un poderoso ministerio de pequeños grupos, la mayoría de sus líderes celulares eran mujeres.[7] La proliferación de los grupos celulares crea una necesidad por más líderes y llega a ser especialmente crítico que una iglesia descarte un 50 por ciento de sus líderes potenciales de los pequeños grupos por el hecho de ser mujeres.

LOS MENOS PROBABLES

Juan Wesley dominaba el arte de usar todos los líderes que podía. Comentando acerca de su genio, Howard Snyder dice:

> Hoy día uno oye que es difícil encontrar suficientes líderes para los grupos pequeños o para los que han de continuar realizando las otras responsabilidades de la iglesia. Wesley puso uno en diez, quizás uno en cinco, para trabajar en un ministerio significativo y en el liderazgo. ¿Y quiénes eran estas personas? No el educado o el adinerado con tiempo de sobra en sus manos, sino hombres y mujeres trabajadores, maridos y esposas y personas jóvenes con poco o ningún entrenamiento, pero con dones espirituales y mucha avidez para servir... Wesley no sólo alcanzó a las masas; hizo que miles de ellos llegaran a ser líderes.[8]

Mi estudio de más de 700 líderes celulares en ocho culturas diferentes confirma la estrategia de Wesley. Descubrí que el potencial para dirigir un grupo celular creciente y exitoso no está con los dotados, eruditos o con los que tienen personalidades vibrantes. La respuesta, más bien, está en el trabajo duro. Descubrí que tanto los varones como las mujeres, educados y no educados, casados y solteros, tímidos y extrovertidos, los dotados como maestros y los dotados como evangelistas, todos ellos lograron multiplicar sus grupos pequeños. La unción para la multiplicación de la célula no se halla sólo con unas pocas personas misteriosas.

Los que tienen ataduras

La mayoría de nosotros habría pasado por alto a María Magdalena debido a su triste estado espiritual (poseída por siete demonios). Sin embargo, Jesús la liberó y la usó poderosamente. Según los escritores de los evangelios, después de su resurrección Jesús apareció primero a María Magdalena (Mr. 16:9). A menudo los líderes celulares más eficaces son los tesoros de Dios que simplemente necesitan ser desarrollados y desenvueltos. Jesús es todopoderoso. Él puede tomar el quebrantamiento del pecado, sanarlo, y transformarnos en el proceso.

Recuerdo la primera vez que visité la Misión Carismática Internacional. Me encontré con un drogadicto que acababa de regresar de un Retiro de Encuentro. Sus ojos chispeaban con el amor de Jesús. Oh, él no sabía la jerga cristiana y todos los hábitos culturales de los cristianos, pero él sabía su misión. Él había sido tocado con la llama de Jesucristo. La Misión Carismática Internacional estaba lista para usar a este joven en el ministerio. Sí, él debía recibir más entrenamiento antes de comenzar a ser

el líder de una célula. Sin embargo, es por medio de personas como este joven que Bogotá está siendo transformado por el evangelio.

Cualquiera puede dirigir un grupo celular

Los introvertidos, los incultos, y los que están en un nivel social inferior tienen tanto éxito en la multiplicación de los grupos celulares como sus colegas. Ningún don particular del Espíritu como la evangelización distingue a los que pueden multiplicar sus grupos de los que no pueden. Los líderes celulares exitosos no dependen exclusivamente en sus propios dones. Ellos dependen del Espíritu Santo mientras dirigen toda la célula para alcanzar a su familia, amistades y conocidos.[9]

Yo animo a los líderes celulares a considerar a todos los miembros de la célula como «líderes celulares potenciales» y patrocinarlos a todos ellos para que lleguen a ser líderes celulares en el futuro. He notado que hay demasiados «aprendices de líderes celulares» que no hacen otra cosa sino llevar un título. Dicho título puesto sobre una o dos personas impide a menudo que otros miembros asuman el papel de líder de una célula. Harold Weitsz, pastor del Centro Cristiano Little Falls en África del Sur, hace eco de este pensamiento cuando escribe lo siguiente: «Ya no hablamos de "miembros celulares", sino de personas que están siendo entrenadas para llegar a ser líderes celulares».[10] Es cierto, no todos dirigiremos un grupo por varias razones. Pero en cuanto un sistema de pequeños grupos queda infectado con el pensamiento de que sólo ciertas personas pueden dirigir un grupo, se frustrarán muchos creyentes, clasificados de allí en adelante como personas incapaces. Como líderes, es importante estar comprometidos para entrenar a cada creyente para que pueda ministrar. Debemos comprometernos un 100% al sacerdocio de todos los creyentes. Yo creo que segaremos una abundante cosecha cuando nos comprometamos para preparar y usar a los creyentes jóvenes, mujeres, los que tienen menos posibilidades, y a todos los demás en la congregación.

CAPÍTULO 3

LA REPRODUCCIÓN DE LA CÉLULA: LA ESTRELLA QUE GUÍA EL DESARROLLO DE LOS LÍDERES

Chuck Smith, el fundador y pastor titular de la Capilla del Calvario, no sabe quién soy. Sin embargo, considero que Chuck Smith es mi pastor. Como un creyente «nuevito» en Cristo, yo crecí espiritualmente bajo la enseñanza del pastor Chuck. Cuando asistí a la Capilla del Calvario, noté muchas caras nuevas en el equipo pastoral del pastor Chuck. Chuck no estaba satisfecho reteniendo fuertemente a sus pastores. Él les permitía entrar en el equipo pastoral por un tiempo, pero la meta era enviarlos para comenzar sus propias iglesias. Algunas de las iglesias más grandes en el mundo hoy, como la Comunidad Cosecha Cristiana (pastor Greg Laurie), son dirigidas por personas que habían sido miembros del equipo pastoral de Chuck Smith. Porque el pastor Chuck los enviaba a la cosecha, él siempre estaba precisando pastores nuevos para ocupar su lugar.

Muchos grupos pequeños no desarrollan nuevos líderes debido a un enfoque hacia el interior. El mismo líder y sus miembros se quedan juntos durante años y finalmente se estancan. Los pequeños grupos saludables están constantemente necesitando nuevos líderes porque buscan extender el reino y reproducir nuevos grupos.

Ejemplos bíblicos de reproducción

La iglesia sólo extenderá su influencia en el mundo reproduciendo su unidad más poderosa, el grupo celular. Por consiguiente, así como una familia garantiza su legado produciendo más niños, del mismo modo un grupo celular debe buscar reproducir la vida en otros produciendo nuevos grupos.

El deseo de Dios de que haya reproducción se ve en el primer capítulo de Génesis: «Los bendijo Dios y les dijo: "Fructificad y multiplicaos; llenad la tierra y sometedla; ejerced potestad sobre los peces del mar, las aves de los cielos y todas las bestias que se mueven sobre la tierra"» (Gn. 1:28).

De un modo similar Dios bendijo a Abraham a la edad de noventa y nueve años, diciendo: «Yo haré un pacto contigo y te multiplicaré en gran manera» (Gn. 17:2). Jesús ordena el mismo tipo de fruto en Juan 15:8: «En esto es glorificado mi Padre, en que llevéis mucho fruto y seáis así mis discípulos». Al final de Su ministerio Jesús dijo a Sus discípulos: «Toda potestad me es dada en el cielo y en la tierra. Por tanto, id y haced discípulos a todas las naciones, bautizándolos en el nombre del Padre, del Hijo, y del Espíritu Santo» (Mt. 28:18-19). La única manera viable de recoger la cosecha es a través de la reproducción de los grupos celulares, y esto requiere que hayan más líderes.[1]

Oriente su pequeño grupo hacia la evangelización

Nuestra tendencia humana natural nos lleva a mantener lo que es normal, el statu quo. Queremos que el calor y la comunión del grupo pequeño continúen para siempre. Pero no será así. Tal como aprendió Chuck Smith, cuando damos, recibimos. Refrescando a otros, somos refrescados. Los miembros de un

equipo nunca alcanzarán todo su potencial a menos que se les permita crecer al punto de dirigir a otros. A menos que haga posible que el miembro de una célula llegue a ser un líder celular, él nunca tendrá la oportunidad de ejercer sus músculos espirituales y de verdad depender en el Dios vivo.

Hace poco recibí un cumplido de uno de mis líderes celulares. Me dijo así: «Joel, la razón por la que me gusta esta iglesia es porque usted se preocupa por mí. Usted siguió invitándome a su grupo celular. Pero no se detuvo allí. Usted me preparó y me lanzó al ministerio». Pablo se siente realizado en su nueva posición de líder de célula. Yo podría haberme aferrado firmemente a Pablo en mi propio grupo celular. Pero al mandarlo a trabajar, él puede usar sus propios dones y talentos mientras la iglesia sigue creciendo.

Estoy cada vez más convencido de que la reproducción de la célula es la motivación principal detrás del desarrollo del liderazgo. Las iglesias celulares eficaces componen su entrenamiento para cumplir el objetivo de la multiplicación de la célula. El código genético de la multiplicación celular se implanta en cada líder desde el primer momento que él o ella empieza a dirigir el nuevo grupo.

La multiplicación de la célula es algo tan importante para el ministerio celular que la meta del liderazgo de la célula no se cumple hasta que los nuevos grupos también se reproduzcan. Un grupo nuevo sólo puede ser considerado viable si al final da nacimiento a otro grupo.

LA MULTIPLICACIÓN GUÍA LAS OTRAS DISCIPLINAS DE LIDERAZGO

El tema de la multiplicación debe guiar el ministerio celular. El fin deseado es que cada célula crezca y multiplique. Cuando usted ve este punto con una claridad meridiana, entonces se enfoca en el entrenamiento para líderes. Yo no siempre creía en la multiplicación de la célula como la estrella que guiaba el ministerio celular. En mi primer manual para las células (1992), yo escribí lo siguiente: «El enfoque de las células es la evangelización y el discipulado». En la misma página decía también: «El objetivo principal de nuestro sistema es que los miembros de cada célula experimenten verdadera comunión entre sí». En esa época yo no intentaba conectar la evangelización, el discipulado, y la comunión. Cuando miro atrás, admito prontamente que yo estaba desconcertado sobre el enfoque central del ministerio celular. Yo había leído algunos artículos y libros, y después intenté reunir todo. Quizá usted ha hecho lo mismo.

Trate de visualizar el cuadro mayor que le presenta la multiplicación celular. Para multiplicar un grupo, un líder debe orar diariamente por los miembros de la célula, prepararse espiritualmente ante Dios, visitar a los miembros regularmente, hacer numerosas llamadas telefónicas para invitar a las personas nuevas, preparar la lección para la célula, realizar cualquier otro arreglo, y ante todo, entrenar a los nuevos líderes para dirigir las células nuevas. Es todo un paquete. Si el líder de la célula se concentra sólo en la evangelización, muchas personas se le escaparán por la puerta trasera. Si él sólo concentra su atención en el discipulado, el grupo crecerá hacia adentro y probablemente se estancará. Si el líder se concentra solamente en la dinámica del pequeño grupo, el desarrollo del liderazgo sufrirá. Los líderes celulares eficaces tienen claro el objetivo para el

grupo y suavemente dirigen el grupo hacia el cumplimiento de la meta de la multiplicación.

El líder de la célula debe delegar sus responsabilidades tanto como sea posible. Él debe estimular a los otros en el grupo a visitar, a hacer llamadas telefónicas, y a participar en la célula. El líder de la célula simplemente se asegura de que estas disciplinas ocurran.

LA MULTIPLICACIÓN SE CONCENTRA EN EL ENTRENAMIENTO DEL LIDERAZGO CELULAR

Si la multiplicación de la célula es la meta principal de cada líder celular, entonces el entrenamiento del liderazgo debe cumplir ese propósito. Este enfoque disipará mucha confusión desde el primer día del entrenamiento. Capacitará al líder en las áreas que harán que la multiplicación de la célula llegue a ser una realidad. Transformará los programas de entrenamiento generalizados en un entrenamiento especializado. En lugar de entrenar un ejército a pie, preparará un ejercito preparado para el asalto relámpago que se concentra en la tarea más importante: la del liderazgo celular.

Un enfoque claro en la multiplicación de la célula ayudará al liderazgo potencial a ganar confianza y claridad. También ayudará al líder a pastorear a los miembros y entrenar a los nuevos. ¿Para qué? Para que el grupo se pueda reproducir.

LA MULTIPLICACIÓN DEFINE EL DESARROLLO DEL LIDERAZGO

Varias disciplinas celulares contribuyen a la multiplicación de la célula, pero yo creo que la principal es el desarrollo del liderazgo. Las iglesias celulares exitosas entienden que sin nuevos líderes, la multiplicación no sucederá. El trabajo principal del líder de la célula es entrenar el próximo líder celular –y no la de llenar la casa de invitados–. Su objetivo primario en el ministerio de los grupos pequeños no es el de edificar grupos. Más bien, desarrollamos los grupos pequeños para que podamos edificar líderes, porque los líderes edifican los grupos. Recuerde esto, un grupo pequeño nunca es un fin en sí mismo. Capacitar y soltar a las personas para dirigir es la meta. Los que no son cristianos deben convertirse en miembros y luego deben desarrollarse en líderes. George dice: «Pero los grupos pequeños no son la solución a lo que la iglesia necesita con mayor urgencia. Más bien, las iglesias crecen o cierran según tengan los líderes entrenados, talentosos y con los dones del Espíritu que necesitan. Y el mejor contexto posible que alguien haya descubierto alguna vez para desarrollar los líderes ocurre debido a un pequeño grupo».[2]

CAPÍTULO 4

EL DESARROLLO DE LOS LÍDERES BÍBLICOS

¡Demóstenes, el más grande orador del mundo antiguo, tartamudeaba! La primera vez que él intentó hacer un discurso público, se rieron de él de manera que tuvo que abandonar el escenario. Julio César era epiléptico; Beethoven era sordo, al igual que Tomás Edison. Carlos Dickens era cojo; también lo era Handel. Homero era ciego; Platón tenía una joroba; Sir Walter Scott era paralítico. Cada uno de estos líderes estaba dispuesto a seguir adelante, a pesar de sus debilidades.[1]

Es difícil clasificar a un líder y decir cómo debe ser exactamente. Herb Miller, en su excelente libro, *El Líder Capacitado* (*The Empowered Leader*), dice: «Pero estoy convencido que los grandes líderes raramente son personas normales, bien adaptadas. Francamente, ¿cuántos de nosotros no estamos un poco cansados de la normalidad, de todas maneras?»[2]

Aquí hay un gran rompehielos para usar entre los líderes celulares: ¿Qué características debe tener el líder perfecto? No se preocupe demasiado si consigue tantas respuestas como personas que están en su grupo.[3] Es difícil, si no imposible, de encontrar una definición exacta del liderazgo. El estudio del liderazgo es amplio y variado. Las numerosas definiciones del liderazgo proporcionan validez a esta cita de Bennis y Nanus: « ... el liderazgo es el tema más estudiado y menos comprendido de todas las ciencias sociales. ... El liderazgo es como el Abominable Hombre de las Nieves, cuyas huellas están por todas partes pero que no es visto por ninguna parte».[4] Estos expertos en el campo del liderazgo siguen diciendo:

> Literalmente se han realizado miles de investigaciones empíricas de líderes tan sólo en los últimos setenta y cinco años, pero no existe ninguna comprensión clara e inequívoca acerca de lo que distingue a los líderes de los que no son líderes, y quizás lo más importante, lo que distingue a los líderes eficaces de los líderes ineficaces y las organizaciones eficaces de las organizaciones ineficaces.[5]

Si usted está pensando ser un líder en el futuro, anímese. Dios usa toda clase de líderes. No hay tal cosa como el líder perfecto. Tampoco existe un modelo que se llama liderazgo. Dios quiere usarlo con sus propias particularidades. El liderazgo tiene muchas personalidades. Aunque la Biblia no promueve un «tipo de personalidad» para un gran liderazgo, nos da las características de un liderazgo eficaz. Lo siguiente proporciona algunas pistas para un liderazgo bíblico.

PRINCIPIOS DEL ANTIGUO TESTAMENTO

Cuando yo hago entrenamiento celular, sé que necesito compartir los siguientes requisitos del liderazgo porque Dios los requiere. Algunos de estos rasgos pueden resumirse en una frase: dependencia en Dios. Dios está buscando líderes que tengan una correcta disposición del corazón. Las siguientes referencias bíblicas realmente mencionan lo que Dios espera de un líder:

Éxodo 18:25

✓ Virtud

✓ Que delegue responsabilidad

Deuteronomio 17:15-20

✓ Elegido por Dios (v.15)

✓ Creyente comprometido (15)

✓ Que dependa en Dios (16-17)

✓ Un estudiante obediente de la Biblia (18, 19)

✓ Que manifieste humildad (v. 20)

1 Samuel 16:7

✓ Tiene un corazón dedicado a Dios

II Samuel 23:3 y Levítico 25:43-53

✓ Demuestra reverencia hacia Dios

DEPENDENCIA EN DIOS

Un líder cristiano piadoso debe amar a Dios sobre todas las demás cosas. Esta cualidad de tener hambre y sed de Dios guiará todas las otras capacidades. Jesús dice que busquemos primeramente Su reino y Su justicia, y todas estas cosas le serán añadidas (Mt. 6:33). Los discípulos más fuertes son los que anhelan la presencia de Dios. El Espíritu Santo será impedido si el líder es espiritualmente indiferente. Una persona que no permite

que el Espíritu Santo obre en su propia vida difícilmente podrá ser un canal para Su funcionamiento en el grupo. El Espíritu Santo es el gran Líder, así que nosotros lo necesitamos en nuestro ministerio para ser eficaces. Su voluntad y Su gloria por encima de todas las demás cosas. «Mi comida», dijo Cristo, «es hacer la voluntad de mi Padre y que termine Su obra» (Jn. 4:34).

La espiritualidad es un prerrequisito para los líderes celulares eficaces. No me estoy refiriendo aquí a una superespiritualidad que caracteriza a ciertas personas altruistas. Todos somos conscientes de los que usan su «espiritualidad» para enmascarar el orgullo profundamente asentado en su persona. Más bien, estoy hablando de una humilde dependencia en Dios. Me estoy refiriendo a una persona que de verdad cree que «sin Él, nada podemos hacer».

En cierta oportunidad le preguntaron a Ray Prior, el presidente de la Corporación Borden, una de las estructuras comerciales más grandes de EEUU, cómo hacía para dirigir esa corporación tan grande. Él contestó: «Todas las mañanas al despertar, me encuentro con el Señor y empiezo escuchando Su voz. Le pido que traiga a mi mente las necesidades de los hombres claves que reportan directamente a mí. Cuando pienso en sus debilidades, hago los planes para mi día».[6] Sigamos el ejemplo de Ray Prior, quedándonos conectados con Jesucristo.

Jesús nos dice que el Padre está buscando dichos adoradores (Jn. 4:24). Los líderes eficaces entienden que la preparación más importante para el líder antes del comienzo de la reunión celular es esperar en Su presencia. Mientras el líder espera delante de Dios, él o ella recibirán las órdenes directas de Dios. La preparación de la lección es importante, pero la preparación espiritual viene primero. Más importante que el tiempo pasado estudiando la lección para la célula es el tiempo vital con Dios.

Estoy de acuerdo con Icenogle cuando dice: «La esperanza para los grupos cristianos saludables está en los líderes de los grupos que "están dispuestos a ser guiados" por el Espíritu».[7] Los líderes celulares deben dirigir el grupo en el poder del Espíritu Santo.

SUPERANDO LOS OBSTÁCULOS

Cualquiera que estudia el liderazgo en el Antiguo Testamento tiene que tomar en cuenta necesariamente la vida de Nehemías. Note algunos principios claves en la vida de Nehemías:

- ✓ Su pasión por la gloria de Dios (1:4)
- ✓ Su vida dinámica de oración (1:5-11)
- ✓ Disposición para cumplir su propia oración (1:11; 4:8, 9)
- ✓ Una vida sacrificada (2:1-7)
- ✓ Planes sabios (2:4-7)
- ✓ Una visión contagiosa (2:17, 18; 4:1-14)
- ✓ Sólo la vida (5:1-13)
- ✓ El ministerio de la enseñanza (8:9, 18)
- ✓ Odio al pecado (13:25)

Nehemías poseía la pasión de Dios; estaba dispuesto a involucrarse; sabía adónde ir, cómo conseguir que se hagan las cosas, y también podía motivar a las personas para lograr el cumplimiento de sus metas. Su liderazgo transformó un grupo del pueblo de Dios deprimido y oprimido en una fuerza de tarea relámpago, capaz de lograr el propósito de Dios.

Sin embargo, si yo pudiera señalar singularmente el rasgo más importante de la vida de Nehemías, diría que era su habilidad para superar los obstáculos. Las pruebas y las tribulaciones se amontonaron contra Nehemías –al punto de derrotarle–. No obstante, leemos cómo las superó vez tras vez. Estaba tan consumido por su tarea dada por Dios y su visión que él nunca permitió que los obstáculos y las dificultades lo detuvieran.

Martin Luther King, hijo, dijo en cierta oportunidad: «La verdadera estatura de un hombre no se mide cuando se halla en una posición de comodidad y conveniencia, sino cuando está frente a situaciones de desafío y controversia». Nehemías vivió en medio de la adversidad pero la enfrentó, la confrontó, y triunfó sobre ella. Los líderes celulares pueden aprender de su ejemplo.

Miriam Richards es líder de un grupo de profesionales jóvenes. Como madre soltera, ella tiene muchos obstáculos personales para superar –largas horas de trabajo y un sinfín de responsabilidades maternas–. Sin embargo, ella no permite que estos obstáculos muy reales le impidan ser una líder celular eficaz. Ella los ve como un camino de piedras sobre las cuales debe pisar. «El liderazgo celular ha hecho maravillas para mí», nos dijo durante una reunión de líderes. «Me obligan a depender en Dios todas las semanas, cuando me preparo. Yo dependo de Él para que me ayude a encontrar las soluciones a las necesidades de mi grupo». Miriam dirige un grupo sólido que está creciendo, y al que asisten regularmente dos ateos.

He notado que algunos líderes celulares siempre tienen una excusa. «Sabe, pastor, nadie en mi barrio está abierto al evangelio.» «Este ministerio celular es difícil, realmente no tengo tiempo.»

Diez espías regresaron con un informe basado en la *realidad* de la situación. «¡Hay gigantes en la tierra! De ninguna manera

podremos ganar esta guerra.» Josué y Caleb vieron dos realidades: los gigantes y el Dios que los hizo. Ellos regresaron entusiasmados por la oportunidad para ver el gran poder de Dios obrando. «Vayamos. Ahora mismo. Esta tierra está llena de leche y miel y nosotros servimos a un Dios grande. Él puede fácilmente hacernos entrar en la tierra y darnos la victoria. Vayamos.»

¿Ve usted el obstáculo o la oportunidad? Herb Miller le da este consejo a los líderes: «Nunca evite los desafíos. Cuando el toro viene arremetiendo, tómelo por los cuernos y péguele dos veces en la cara. Hágale recordar que Dios está a cargo de usted…»[8]

Un líder celular enfrentará momentos de desaliento, soledad y dolor. Los conflictos aparecen a menudo en un grupo celular debido a las diferencias de personalidad, por los que siempre están hablando, por los que son demasiado «espirituales», por los que llegan tarde, por la comunicación pobre, por las diferencias culturales, etc. Un líder celular podría incluso enfrentar la crítica directa de los miembros del grupo. Una idea común que tienen tantos líderes celulares es que consideran que todos los conflictos son «malos» y deben ser evitados si es posible. Sin embargo, si el conflicto puede llevar a una consideración más profunda de las situaciones que se están tratando, y si desafía a los miembros para observar sus propias conductas, entonces es beneficioso para el grupo.

Nehemías superó los obstáculos, pero también tuvo sus momentos de intenso desaliento. Tomás Edison comentó en cierta oportunidad: «Muchos de los fracasos en la vida son personas que no comprendieron cuán cerca estaban del éxito cuando se rindieron». Edison probó 10.000 veces antes de encontrar finalmente los materiales correctos para la bombilla incandescente. Cada vez que fallaba, obtenía valiosa información acerca de lo que no funcionaba, acercándolo más a la solución.

LOS PRINCIPIOS DEL NUEVO TESTAMENTO

Varios pasajes del Nuevo Testamento tratan específicamente las características del liderazgo. Yo he resumido estos rasgos en la siguiente lista. Tome en cuenta cómo estas características se concentran en la piedad y en el servicio.

Marcos 10:42-45

✓ La dominación es el estilo de liderazgo del mundo

✓ El servicio es el estilo de liderazgo del discípulo

✓ El servicio a través del ministerio de la célula

Hechos 6:3

✓ Un buen testimonio

✓ Lleno del Espíritu

✓ Lleno de sabiduría

Romanos 12:8

✓ La diligencia

Timoteo 3:1-13 (Tito 1:5-10)

✓ Las cualidades sociales

- Una vida pura (3:2, 3)
- Una buena reputación (3:7)

✓ Las cualidades morales

- Marido de una mujer (3:2)
- No dado al vino (3:3)

✓ Las cualidades mentales

- Respetable (3:2)
- Sobrio (3:2)
- Capaz de enseñar (3:2)

✓ Las cualidades personales

- Manso (3:3)
- Hospitalario (3:2)
- No amante del dinero (3:3)

✓ Las cualidades domésticas

- Su casa en orden (3:2, 4, 5)

Carácter piadoso

D. L. Moody comentó en cierta oportunidad: «El carácter es lo que usted es en la oscuridad».[9] La mayoría de los requisitos en el Nuevo Testamento tienen que ver con el carácter. Las virtudes tales como la honestidad, fidelidad, y el buen juicio son sinónimas con el liderazgo del Nuevo Testamento. Ningún talento o don puede reemplazar estas características. Las cualidades del mal carác-ter descalificarán finalmente a una persona para el liderazgo.

Cuando era un creyente joven estudiando en la universidad en Long Beach, California, en cierta oportunidad traté de testificar a una amiga en la clase de Biología. Ella me escuchó bien y también asentía con la cabeza, pero nada más. Una noche, varios meses después, yo estaba comiendo con algunos amigos en un restaurante cercano. Para mi sorpresa, esta muchacha de la universidad vino para atendernos como nuestra camarera. Conversamos, ordenamos la comida, comimos, y luego pedimos la cuenta. Tratando de agradarnos (a expensas de su jefe), ella regresó diciendo: «No voy a escribir en la factura toda la comida que ustedes comieron». Dios me habló inmediatamente y yo le dije: «Aprecio mucho tu gesto, pero nosotros somos cristianos y Dios quiere que paguemos por lo que comimos».

Ella estaba bastante sorprendida y probablemente pensó que éramos un poco raros, pero el mensaje era muy claro. Antes de salir, yo la invité a nuestra iglesia. El siguiente domingo ella se presentó en la iglesia y me dijo: «Cuando tú no aceptaste mi oferta la semana pasada en el restaurante, entonces yo supe que tú eras un cristiano de verdad». Esta muchacha me había oído hablar antes de Jesús en la universidad, pero ella tenía que ver a Jesús expresado en mi carácter antes de creer. Mis acciones, en oposición a mis palabras, hicieron la diferencia en su vida.

Las personas están observando nuestras vidas. Ellas quieren asegurarse de que nuestras acciones corresponden con nuestras palabras antes de recibir el mensaje del evangelio. Ellas quieren asegurarse de que el líder que ellas van a seguir es creíble y honrado. El carácter piadoso se refiere al trabajo de Cristo en nuestras acciones, actitudes y el diario vivir cristiano.

Hoy día nos enfrentamos a una carencia de personas con una carácter piadoso. Estamos tentados a clamar con el Salmista: «Salva, Jehová, porque se acabaron los piadosos» (Sal. 12:1). Tantos cristianos dotados que ministran a las multitudes, caen como una presa de sus propias debilidades morales.

Las palabras de Pablo a Timoteo son pertinentes para este problema del carácter: «Ninguno tenga en poco tu juventud, sino sé ejemplo de los creyentes en palabra, conducta, amor, espíritu, fe y pureza» (1 Ti. 4:12). Pablo sabía que Timoteo estaba rodeado de críticos más viejos que no querían nada más que verlo caer. Éfeso, aunque era una de las ciudades más prominentes en el mundo romano, estaba llena de idolatría, orgías, y magia. Fue en Éfeso que «muchos que habían practicado la magia trajeron los libros y los quemaron delante de todos; y hecha la cuenta de su valor, hallaron que era de cincuenta mil piezas de plata» (Hch. 19:19).

El consejo de Pablo a Timoteo en medio de la tentación y corrupción era, en efecto: «Haz callar a tus críticos por tus acciones». Sé un ejemplo a los creyentes... en pureza. La palabra pureza (*hagnos*) siempre se usa con un sentido moral. No se limita a los pecados de la carne, pero incluye la pureza en la motivación así como en los hechos. El viejo refrán suena verdadero: «Las acciones hablan más fuerte que las palabras». Los líderes celulares deben mantener una ética y un carácter piadosos en todo momento.

Donde estoy ministrando actualmente, las personas usan a menudo este refrán: «En Ecuador fluye mucho aceite». El aceite mencionado en esta frase es el aceite del soborno, no el petróleo. El sistema en Ecuador fluye fácilmente cuando se aceita con muchos sobornos.

Daniel Santana era uno de mis líderes celulares de más confianza. Este hombre era respetado como un arquitecto de primera clase, pero más importante todavía como un líder cristiano piadoso. Daniel me confesó que por negarse a dar sobornos, perdió muchos contratos como arquitecto. Porque rehusaba tener algo que ver con el pecado, mantenía un testimonio puro en medio de una sociedad corrupta. Asegúrese que lo que usted es en la oscuridad es la misma persona que vive durante el día.

SERVICIO

Una característica del liderazgo que es único en el Nuevo Testamento es el concepto del servicio. Jesús les enseñó a Sus discípulos a aspirar a servir en lugar de «enseñorearse de otros». Según Jesús, los más grandes líderes eran los siervos más diligentes. Él se pone a Sí Mismo como ejemplo: «Porque el Hijo del Hombre no vino para ser servido, sino para servir y para dar su vida en rescate por todos» (Mr. 10:42-45).

Jesús modeló esta actitud continuamente con Su grupo pequeño al punto de lavarles los pies (Jn. 13). Los líderes celulares deben estar dispuestos a ofrecerse como siervos de todo el grupo. Steve Barker señala:

> «... un grupo celular requiere mucho servicio. Cuando un grupo comienza, alguien debe decidir el quién, cuándo, dónde, por qué y cómo. Esto se traduce en hacer llamadas telefónicas, reservar cuartos, colocar las sillas, hacer café, ofrecer paseos, hacer recordar a las personas y finalmente, hacer presentaciones. Dicha tarea ingrata no recibe aplausos pero es necesaria. Es el esfuerzo detrás del escenario que a menudo determina si la reunión del grupo pequeño es un miserable fracaso o un comienzo prometedor.[10]

Aunque siempre es bueno delegar, finalmente el líder de la célula es responsable de las actividades en el grupo, el orden de la reunión, dónde el grupo se reunirá, los refrescos, el seguimiento

de los que vienen por primera vez. El corazón de un siervo es un ingrediente necesario en el ministerio celular eficaz.

Requisitos del liderazgo en las iglesias celulares

La Biblia da pautas claras para el liderazgo cristiano, pero son sólo pautas. La aplicación específica de los principios del liderazgo bíblico varía de iglesia en iglesia. ¿Cuánto tiempo, por ejemplo, debe conocer una persona a Jesús antes de dirigir un grupo celular? Pablo dice en 1 Timoteo 3:6 que un obispo no debe ser «... un neófito, no sea que envaneciéndose caiga en la condenación del diablo». ¿Pero qué significa la palabra «neófito»? En el griego la palabra «neófito» significa literalmente «recién plantado» pero todavía necesitamos más información para realizar una aplicación precisa. ¿Un «recién convertido» significa un período de tres semanas o tres años? También debemos recordar que Pablo se estaba refiriendo al oficio de obispo, el oficio más alto en la iglesia. ¿Es correcto poner los requisitos del obispo en un líder celular hoy día?

El tiempo que un líder potencial necesita después de ser convertido varía de tres meses a tres años.[11] El tiempo promedio de conocer a Jesús antes de dirigir un grupo celular era un año. Debe notarse, sin embargo, que la Misión Carismática Internacional, que es la iglesia celular de crecimiento más rápida hoy, convierte a los incrédulos en líderes celulares en seis meses. Estos creyentes nuevos todavía tienen un contacto fresco con sus relaciones *oikos* no cristianos y a menudo son evangelizados por ellos.

Aunque los requisitos varían de una iglesia a la otra, los requisitos principales de la salvación, membresía, bautismo en agua, asistencia a la célula, y la realización de un entrenamiento celular específico se aplican en todas las iglesias. La cantidad y el volumen del entrenamiento, sin embargo, varía grandemente de una iglesia a la otra (si está interesado en obtener más información sobre este asunto, vea Apéndice B).

VALORES BÍBLICOS

Hemos considerado las características principales de los líderes bíblicos que todos los líderes deben emular. Estas características deben formar y transformar las convicciones y el estilo de vida de los líderes celulares. Mientras se aferran al grupo de valores bíblicos y características mencionados previamente y que permanecen sobre ellos, los líderes celulares eficaces manifiestan cierto liderazgo y valores del ministerio que son especialmente útiles en el ministerio de los pequeños grupos.

El diccionario define un valor como «un principio, norma, o cualidad considerado de valor o deseable».[12] Los sinónimos de valor incluyen: excelencia, valor, mérito, prioridad y superioridad.[13] Los valores son prioridades que nos toman tan completamente que las practicamos. Los valores de la cabeza son los que compartimos cuando se nos pide que describamos a otros lo que es importante para nosotros. Los valores del corazón son los que se ven al mirar atrás reflexionando sobre el uso de nuestro tiempo en una semana promedio. Los valores de la cabeza reflejan las grandes intenciones mientras los valores del corazón son una mirada severa a lo que realmente nos hace sentir que estamos vivos. En resumen, valoramos lo que hacemos y hacemos lo que valoramos. Si usted quiere saber lo que alguien valora, observe adónde gasta la mayor parte de su tiempo. Los capítulos cinco y seis ponen de relieve los valores esenciales para el buen liderazgo celular.

CAPÍTULO 5

LOS VALORES DE LOS LÍDERES CELULARES EFICACES

Ocho meses después de empezar la Iglesia de la República, hablé a un grupo celular que se reunía aproximadamente a una media hora de distancia de la iglesia. El grupo estaba muy descorazonado y hasta dudaba si debían continuar. Yo les hablé acerca de la eficacia de la estrategia de la célula, y cómo Dios quería usarles para ser una luz brillando en su propio barrio.

Una ama de casa que asistía a esa reunión era Lorgia Haro. Su marido no era creyente. Ella parecía no poseer talentos extraordinarios y realmente era una persona muy tímida. Sin embargo, Lorgia estaba dispuesta a salir en su debilidad y confiar que Dios haría lo imposible.

Luego fui a EE.UU. por dos años. Cuando volví a la Iglesia de la República en 1997, descubrí que más de 30 personas nuevas estaban asistiendo al culto de la celebración en la Iglesia de la República debido al ministerio de Lorgia Haro. La mayoría de esas 30 personas se convirtieron bajo su ministerio y siete fueron bautizados en nuestra iglesia. Ahora hay más de 70 personas que asisten a la iglesia como resultado de su ministerio, doce han sido bautizados, y ella ha multiplicado su grupo celular siete veces. ¿Qué valores tienen las personas como Lorgia que los hacen eficaces?

Ganas de arriesgarse

Una organización misionera quería enviar a algunas personas para ayudar al Dr. Livingstone en África. Escribió el líder de la misión: «¿Han encontrado un camino bueno para llegar adonde usted esta? En ese caso, queremos enviarle más hombres para ayudarle». Livingstone contestó: «Si usted tiene hombres que sólo vendrán si saben que hay un camino bueno, no los quiero. Yo quiero hombres que vendrán aun cuando saben que no hay ningún camino en absoluto». Los líderes construyen sus propios caminos; ellos abren sus propios senderos. Están dispuestos a arriesgarse por Jesucristo. En *El Desafío del Liderazgo* (*The Leadership Challenge*), los escritores James Kouzes y Barry Posner dicen lo siguiente: «Los líderes se arriesgan a salir. Los que guían a otros a la grandeza buscan y aceptan los desafíos. Los líderes son pionero; personas que están dispuestas a salir hacia lo desconocido. Están dispuestos a correr los riesgos, innovar y experimentar para encontrar nuevas y mejores maneras de hacer cosas».[1]

Los líderes eficaces están abiertos a las ideas. Están dispuestos a probar formas todavía no descubiertas y aceptar los riesgos que acompañan todos los experimentos. Los líderes exitosos aprenden de sus fracasos y como resultado llegan a ser más fuertes. Para el líder exitoso, el fracaso es el trampolín de esperanza. Jesús entendió este principio. Él les permitió a Sus discípulos experimentar en el ministerio e incluso fallar. Pero cuando fallaban, Jesús usaba la experiencia del fracaso para entrenarlos más específicamente.

Todos cometemos errores. Piense en el maestro de la escuela de Munich que le dijo a Alberto Einstein de diez años de edad: «Nunca llegarás a ser gran cosa». O considere el ejecutivo de la compañía de grabaciones Decca que en 1962 se negó a darle un contrato a un grupo de rock británico que recién comenzaba: «No nos gusta como tocan los Beatles», explicó. «Los grupos con guitarras están en baja.»[2]

No tenga miedo de cometer errores. Como dijo Elbert Hubbard: «El mayor error que uno puede cometer en la vida es el estar continuamente con temor de cometer uno». Podemos aprender de nuestros errores. Es verdad que duelen, pero no aprenderá a menos que los cometa. Un hombre joven, ávido para ubicarse en el puesto del administrador de su organización, entró a la oficina del hombre mayor y le dijo: «Señor, usted sabe, la junta me ha nombrado para ser su sucesor como presidente del banco, y le agradecería cualquier consejo y ayuda que usted me pueda dar».

El hombre mayor le dijo: «Hijo, siéntese. Tengo dos palabras de consejo para usted. Dos palabras». «¿Cuáles son?», le preguntó el joven ejecutivo. «Decisiones Correctas», dijo el jefe. El joven pensó un momento y dijo: «Señor, eso es muy útil, ¿pero cómo hace uno para tomar esas decisiones correctas?» El hombre mayor respondió: «Una palabra: Experiencia». «Gracias, señor», le dijo el joven. «Estoy seguro que será de mucha ayuda. ¿Pero realmente, señor, cómo hace uno para ganar experiencia?» El hombre mayor sonrió y dijo: «Dos palabras: Decisiones Equivocadas».[3]

¿Sabía usted que:

- ✓ Babe Ruth perdió el partido de béisbol 1.330 veces. Pero entre esas veces que perdió, realizó 714 carreras con éxito.
- ✓ Abraham Lincoln fracasó dos veces como hombre de negocios y fue derrotado en seis estados y en las elecciones nacionales antes de ser elegido como presidente de los Estados Unidos.
- ✓ R. H. Macey fracasó en las ventas siete veces antes de que su tienda en Nueva York llegara a ser un éxito.

- ✓ La familia de Luisa May Alcott la animó para que buscara trabajo como sirvienta o costurera en lugar de escribir. Ella decidió escribir, y hoy día *Mujercitas* sigue siendo un libro popular después de 125 años.
- ✓ El primer libro para niños de Theodor S. (Dr. Seuss) *Geisel* fue rechazado por 23 editores. El vigésimo cuarto editor vendió seis millones de copias.[4]

Teddy Roosevelt afirmó: «El que nunca se equivoca, nunca progresa». Como líder usted cometerá muchos errores. Simplemente recuerde que los errores son ayudas, no estorbos. Los líderes deben esperar cometer errores y deben agradecer al Señor por ellos. Ayudan a trazar el curso con los ajustes necesarios que mantendrán a los grupos pequeños en el camino. Cuando se cometan errores, admítalos rápidamente, aprenda de ellos, y siga hacia adelante.

En un artículo en la Revista *Slate* sobre el éxito del Valle de Silicona, Michael Lewis escribió:

> … el Valle ha respondido haciendo del fracaso una insignia de honor. Un empresario que ha dado quiebra tres veces seguidas, si tiene una cuarta idea buena, hallará personas que le respaldarán. Algunas personas que le darán apoyo financiero pondrán su dinero porque ha dado quiebra tres veces seguidas. «Si me dan a elegir entre un tipo que ha fallado un par de veces y un tipo que está recién empezando por primera vez», dice el capitalista de ventura del Valle que está al frente, Juan Doerr de Kleiner Perkins Caufield & Byers, «yo daré mi apoyo al tipo que ha fracasado».[5]

¿Ve usted el fracaso como una insignia de honor en su ministerio, o como una maldición que ha de ser evitado a toda costa?

Abrace el fracaso y permita que esta trabaje para usted. No le tenga miedo.

Caminando sobre el agua hacia Sus discípulos, Jesús les dijo: «¡Tened ánimo! Soy yo, no temáis». «Señor, si eres tú», contestó Pedro, «manda que yo vaya a ti sobre las aguas». «Ven», dijo Él. Entonces Pedro descendió del barco, caminó sobre el agua y fue hacia Jesús. Pero al ver el fuerte viento, tuvo miedo y comenzó a hundirse. Entonces gritó: «¡Señor, sálvame!» Al momento Jesús, extendiendo la mano, lo sostuvo y le dijo: «¡Hombre de poca fe! ¿Por qué dudaste?» (Mt. 14:27-32).

Nunca tenga en poco a Pedro por su duda; por lo menos estaba dispuesto a intentarlo. Admiro más a una persona si ha intentado algo y ha fallado que a alguien que se sienta en el bote, abrigado y contento. Tan sólo dos capítulos más adelante, Pedro salta a la vanguardia y es el primero en confirmar la Deidad de Cristo. «Tú eres el Cristo, el Hijo del Dios viviente» (Mt. 16:16). Jesús bendijo a Pedro por su contestación. Poco tiempo después de esto, con renovada confianza, Pedro empieza a reprender a Jesús y el Señor le dice: «¡Quítate de delante de mí, Satanás! Me eres tropiezo, porque no pones la mira en las cosas de Dios, sino en las de los hombres». Es verdad, Pedro cometió unos cuantos errores. Pero su disposición para intentar, y aun fallar, le proporcionó una visión que muy pocos de los demás apóstoles poseyeron.

Yo admiro a los líderes celulares que están dispuestos a caminar sobre el agua. Éstos son los que se arriesgan, los que trepan la montaña del ministerio celular. He tenido el privilegio de conocer a algunos de ellos en mi ministerio y viajes, y constantemente oro que Dios proporcione más como ellos. No tenga miedo de lanzarse hacia lo profundo. Jesús le dará la bienvenida y le sostendrá.

Diligencia

Hay un viejo refrán en inglés, que traducido dice lo siguiente: «Los campeones no llegan a ser campeones en el "ring"; allí sólo son reconocidos». El entrenamiento diligente, y en lo secreto antes que comience la lucha, impulsa al boxeador hacia la victoria. Los líderes exitosos trabajan duro y después viene el éxito en forma natural. Las Escrituras enseñan claramente que la diligencia precede al éxito.

Los líderes que están dispuestos a trabajar duro; deseosos de «hacer lo mejor que se puede», multiplican sus células. La Escritura enseña que los deseos de la persona diligente son totalmente satisfechos. Dios usa a los que diligentemente le buscan y trabajan para Su gloria. La Biblia está llena de Escrituras que hablan sobre la diligencia. La palabra griega para la diligencia (*spoudé*) significa:

- ✓ Moverse rápidamente en favor de los intereses de una persona o causa
- ✓ Apurarse
- ✓ Velocidad al llevar a cabo un asunto
- ✓ Darse problemas (a uno mismo)
- ✓ Activo, trabajador, celo, esfuerzo, dolores
- ✓ Estar de pie en oposición a la pereza

Permítame darle un ejemplo de esta palabra *spoudé* y cómo se usa en las Escrituras. En 2 Pedro 3:12-14 la Escritura dice: «... Por eso, amados, estando en espera de estas cosas, *procurad con diligencia* (*spoudé*) ser hallados por Él sin mancha e irreprochables, en paz». «Hacer todo el esfuerzo posible» es de lo que trata la «diligencia».

Otro versículo muy conocido es Hebreos 4:10, 11: «Procuremos (*spoudé*), pues, entrar en aquel reposo, para que ninguno caiga en semejante ejemplo de desobediencia». Dios le pidió a Su pueblo que hiciera todo esfuerzo posible para entrar en Su reposo escogido.

La mayoría de nosotros sabe y quizá hemos aprendido de memoria 2 Timoteo 2:15: «Procura con diligencia (*spoudé*) presentarte a Dios aprobado, como obrero que no tiene de qué avergonzarse, que usa bien la palabra de verdad». Dios le pide a Su pueblo que haga lo mejor que puede.

Juan Wesley es un ejemplo perfecto de esta diligencia. Wesley se obligaba a levantarse a las cuatro todas las mañanas, y raramente dormía después de las cinco. Al mantener celosamente su diario al día, él se obligaba a vigilar su tiempo muy cuidadosamente para no malgastar ni un minuto. Los logros de Wesley fueron los siguientes:

- ✓ Desde la edad de 36 años en adelante viajó 225.000 millas a lomo de caballo
- ✓ Predicó más de 40.000 sermones; ¡aproximadamente 3 por día!
- ✓ Dejó atrás una iglesia de 100.000 miembros y 10.000 grupos celulares

Dios usó a Wesley, pero Wesley también estaba dispuesto a ser usado por Dios. Él estaba dispuesto a ser ese vaso a través del cual Dios podría trabajar. Wesley se entregó completamente a la obra de Dios y Dios manifestó Su gran poder a través de él.

INSPIRACIÓN VERSUS TRANSPIRACIÓN

Tomás Edison dijo cierta vez que ser un genio significa un 99% de transpiración y un 1% de inspiración. Él demostró esto en su vida. ¿Usted está dispuesto a seguir adelante a pesar de los fracasos en su vida? Conrad Hilton, el famoso ejecutivo de la línea de hoteles dijo en cierta oportunidad: «El éxito parece estar conectado con la acción. Las personas exitosas siempre están en movimiento. Cometen errores, pero no abandonan».

El legendario jugador de baloncesto Larry Bird sobresalió en el disparo de los tiros libres practicando quinientos tiros todas las mañanas antes de ir a la escuela. Demóstenes de la antigua Grecia llegó a ser el más grande orador recitando versos con guijarros en la boca y hablando por encima del rugido de las olas a la orilla del mar.[6]

Los líderes celulares exitosos siguen haciendo las cosas que saben que deben hacer. Por medio de una práctica constante su liderazgo es perfeccionado. Están dispuestos a realizar lo que sea necesario para hacer que sus células sean exitosas.

SIMPLEMENTE HÁGALO

Nike ha lanzado una frase que ha tomado vuelo en todo el mundo. Es la frase SIMPLEMENTE HÁGALO (*Just do it*). No lo discuta, simplemente hágalo. No lo idealice, simplemente hágalo. No sueñe con eso, simplemente hágalo; no invente excusas, simplemente hágalo. Esta frase singular distingue a los líderes eficaces de los que siempre están haciendo girar sus ruedas pero nunca van a ninguna parte. La frase «simplemente hágalo» significa que en adelante hay que trabajar duro. Proverbios 14:23 dice: «Toda labor da su fruto; mas las vanas palabras empobrecen». (La traducción literal del inglés dice: Todo trabajo duro trae provecho, pero la mera charla conduce a la pobreza.)

Encontré la siguiente cita en uno de los manuales de entrenamiento de la Misión Carismática Internacional (esta iglesia creció de 70 células en 1991 a 20.000 células hoy día). El manual de entrenamiento declara: «A menudo, mientras otros están durmiendo, el líder continúa trabajando, tratando de hallar soluciones para los problemas del grupo».[7] En otras palabras, ¡simplemente hágalo! Siga adelante. Haga algo para que suceda. Despiértese temprano; descubra el problema y resuélvalo. Juan Maxwell dice: «Quizás el resultado más valioso de toda la educación es la capacidad de obligarse a hacer lo que tiene que hacer, cuando debe hacerse, aunque le guste o no; es la primera lección que se debe aprender».[8]

Juan Hancock Field ha dicho: «Todos los hombres que valen la pena tienen buenos pensamientos, buenas ideas, y buenas intenciones, pero demasiado pocos de ellos alguna vez los transforman en una acción».[9] Este concepto de transformar la intención en una acción es quizás el rasgo más importante de un líder. Los líderes eficaces hacen lo que no les gusta hacer. Ellos se obligan a realizar la tarea, hacer esa llamada telefónica extra, orar diariamente por los miembros de la célula y tomar tiempo para sus devociones. No sólo tienen sueños, sino que viven los sueños. Ellos echan a andar sus oraciones. La estrella de baloncesto de la NBA Jerry West dijo en cierta oportunidad: «No logrará hacer demasiado en la vida si sólo trabaja durante los días cuando se siente bien». Simplemente hágalo, aunque se sienta bien o no.

CAPACIDAD PARA MANEJAR LA CRÍTICA

La crítica es especialmente dura para el líder joven. A nadie le agrada un comentario negativo, y es fácil personalizar una crítica

que de otro modo sería general. La mayoría de las personas tiende a culpar al líder cuando algo sale mal, aunque posiblemente no tenga nada que ver con él (o con ella). Es importante que el líder no reciba la crítica como una acusación personal. Las personas tienden a criticar sin saber todos los hechos. Sólo Dios sabe todos los detalles, así que usted puede confiarle la situación. En 1 Corintios 4:3-5, Pablo dice:

> En cuanto a mí, en muy poco tengo el ser juzgado por vosotros o por tribunal humano. ¡Ni aun yo mismo me juzgo! Aunque de nada tengo mala conciencia, no por eso soy justificado; pero el que me juzga es el Señor. Así que no juzguéis nada antes de tiempo, hasta que venga el Señor, el cual aclarará también lo oculto de las tinieblas y manifestará las intenciones de los corazones de los hombres. Entonces, cada uno recibirá su alabanza de Dios.

Al final, el éxito del líder está de pie o cae delante de Dios. Pablo declara: «Al contrario, si hablamos es porque Dios nos aprobó y nos confió el evangelio. No procuramos agradar a los hombres, sino a Dios, que prueba nuestros corazones, porque nunca usamos de palabras lisonjeras, como sabéis, ni encubrimos avaricia, Dios es testigo. Tampoco buscamos gloria de los hombres, ni de vosotros ni de otros» (1 Ts. 2:4-6).

Al tratar con la crítica, tenga presente estos tres principios:

Primero, vea la experiencia dolorosa como una oportunidad para crecer en su fe. Recuerde que el apóstol Pablo se gloriaba en su debilidad, y se deleitaba en los insultos, penalidades, y persecuciones (1 Co. 11: 9b, 10).

Segundo, sea tan honesto y abierto como sea posible. No evite el conflicto. Hable con la persona. El conflicto crece mientras queda en secreto pero se desvanece con la franqueza y la verdad.

Bill Gates cree que gran parte de su éxito en Microsoft tiene que ver con la confrontación de las malas noticias y no esconderse de ellas. Él dice: «Pienso que el trabajo más importante, como un "CEO", es escuchar las noticias malas. Si usted no actúa frente a ellas, finalmente la gente dejará de contarle las malas noticias para que las atienda en el futuro. Y ése es el principio del fin».[10]

Tercero, no tenga miedo de disculparse como un líder; incluso ante todo el grupo. La Biblia nos advierte sobre el encubrimiento de nuestros pecados (Pr. 28:13). El apóstol Juan dijo:

> Si decimos que no tenemos pecado, nos engañamos a nosotros mismos, y la verdad no está en nosotros. Si confesamos nuestros pecados, Él es fiel y justo para perdonar nuestros pecados y limpiarnos de toda maldad. Si decimos que no hemos pecado, lo hacemos a Él mentiroso y su palabra no está en nosotros (1 Jn. 1:8-10).

Los líderes deben admitir su fracaso delante de Dios y del grupo. Haciéndolo así, un líder recibirá más respeto del grupo y el grupo mismo llegará a ser más transparente.

ORIENTACIÓN HACIA LA META

Donald McGavran, el padre del movimiento del iglecrecimiento, declara lo siguiente: «Nada se centraliza más en el esfuerzo

que la fijación de una meta».[11] Es imprescindible que cada líder de célula fije metas claras para el grupo. Los que fijan metas específicas multiplican sus grupos más rápidamente que los que no lo hacen. La fijación eficaz de las metas es el catalizador primario para la multiplicación celular exitosa.

Muchos líderes se niegan a elaborar sus metas y de ese modo aceptan todo lo que sucede; a menudo muy poco. Los líderes que no fijan sus metas pueden estar trabajando tanto como sus colegas. Sin embargo hay algo que está faltando. Su ministerio no va a ninguna parte; sólo busca mantenerse, en lugar de esforzarse por llegar a ser algo mejor y de alcanzar aún a más personas con el evangelio. Pedro Wagner les decía a sus estudiantes: «La clave está en un trabajo inteligente, no simplemente en esforzarse mucho».[12] Establecer metas específicas y visibles hará que el trabajo del líder de la célula esté correctamente enfocado y que sus sueños sean asequibles. Muchas personas, no obstante, no saben fijar metas. Aquí hay algunas pautas:

Primero, un líder celular debe establecer fechas límites para alcanzar sus metas. ¿Cuándo se completará el proyecto? La mayoría de los líderes hallan que son más productivos cuando tienen fechas límites. Una gran meta tiene un punto de arranque y un punto final.

La meta específica en la iglesia de Cho es que cada grupo celular gane una familia para Cristo cada seis meses. Para mantener a sus líderes celulares enfocados en esa meta, Cho escribe lo siguiente: «Yo los presiono, los motivo, y constantemente les hago recordar».[13] Si el grupo no logra esa meta, Cho los envía a la Montaña de Oración por un período extendido de oración.[14] En la Misión Carismática Internacional el grupo de profesionales jóvenes pusieron estas metas:[15]

✓ Traiga dos personas nuevas al grupo todas las semanas.

✓ Multiplique el grupo celular cada tres meses.

Su meta específica será indudablemente diferente debido a su contexto y propósito. El punto principal es la claridad. Las metas confusas no van a ninguna parte mientras que las metas específicas ponen rieles para su fe, sus oraciones y acciones.

Segundo, asegúrese que la meta se puede lograr. Quizás algún líder piensa que una meta grande demostrará su fe en Dios, así que él establece una meta que jamás podría lograr. Nadie apoya la meta porque es inalcanzable. Ian MacGregor, el presidente anterior de la junta de la Corporación AMAX dijo: «Yo trabajo con los mismos principios como las personas que entrenan caballos. Se empieza con cercos bajos, metas que son fácilmente logradas, y se trabaja desde allí en adelante. Es importante que los líderes nunca les pidan a las personas que intenten lograr metas que no pueden aceptar». Asegúrese de que sus metas se pueden lograr.

Tercero, ponga las metas en un lugar visible.[16] Usted las puede poner en su oficina, alcoba, o automóvil; cualquier parte donde usted pueda verlas todos los días. Una iglesia celular que visité colocó las metas para el siguiente año en las oficinas celulares, en el santuario de la iglesia e incluso en el área de recepción. No es necesario decirlo, la iglesia las tiene presente continuamente.

Liderazgo con visión

La visión es la madre del establecimiento de las metas. Las dos están íntimamente ligadas. Las metas son incubadas en un ambiente caluroso y visionario. El ambiente al que me estoy refi-

riendo es la oración y la meditación. La visión, por consiguiente, es una iniciativa principalmente divina; un regalo de Dios. La visión no surge de nuestros propios antojos y emociones humanos; más bien, Dios nos comunica Su visión a nosotros e incluso nos da la gracia para responder. William Beckham escribe: «La visión no es algo que yo tomo, sino algo que me toma a mí. Yo no actúo sobre esta visión; la misma actúa sobre mí... Una visión es algo que trabaja en nuestras vidas, no algo sobre la cual trabajamos nosotros».[17]

Dios le dijo a Abraham que él sería el padre de muchas naciones. Por cierto, Abraham experimentó sus dudas. Pero finalmente su testimonio registrado en la Palabra de Dios es que él retuvo con firmeza la visión de Dios:

> Él (Abraham) creyó en esperanza contra esperanza, para llegar a ser padre de muchas naciones, conforme a lo que se le había dicho: «Así será tu descendencia». Y su fe no se debilitó al considerar su cuerpo, que estaba ya como muerto (siendo de casi cien años), o la esterilidad de la matriz de Sara. Tampoco dudó, por incredulidad, de la promesa de Dios, sino que se fortaleció por la fe, dando gloria a Dios, plenamente convencido de que era también poderoso para hacer todo lo que había prometido (Ro. 4:18-21).

La visión cautivó a Abraham, aun en su débil estado físico. Abraham es nuestro ejemplo de alguien que creyó la visión de Dios y actuó según la misma.

Si Dios es el que imparte los sueños y las visiones, debemos recordar que Sus sueños son a menudo mucho mayores que los nuestros. De esta manera Él obtiene la gloria cuando se cumplen. Él tiene los medios para lograr cualquier sueño que Él comienza. Sus sueños son más grandes que los nuestros y requieren que aumentemos el tamaño de nuestro campo de juego mental para acomodar Su visión.

OBTENGA EL ANTEPROYECTO

Quizás la visión se puede describir mejor por la relación entre un arquitecto y los obreros de la construcción. Antes de que la construcción real pueda empezar, debe haber un anteproyecto. Ésta es la lección que Stephen Covey quiere que captemos. Se refiere a la visión como la primera creación. Covey cree que la tarea primaria del líder es dar nacimiento a la primera creación.[18] Posiblemente son otros los que pondrán la visión en práctica, pero son los líderes los que dan nacimiento a la visión.

Tom Watson, el fundador de IBM, atribuyó el éxito fenomenal de su compañía de este modo:

> Yo tenía un cuadro muy claro de cómo se vería la compañía cuando estuviera montada finalmente. Se podría decir que yo tenía un modelo en mi mente de cómo sería cuando el sueño –mi visión– ya estuviera concretada... En cuanto tuve ese cuadro, entonces me pregunté cómo tendría que actuar una compañía así. Entonces me formé un cuadro viendo cómo IBM actuaría cuando estuviera finalmente creado... Entonces comprendí que, a menos que empezáramos a actuar de esa manera desde el comienzo mismo, nunca lograríamos llegar.[19]

Para escoger una dirección, primero un líder debe de haber desarrollado una imagen mental de un estado futuro deseable para la célula o para la iglesia. El punto crítico es que una visión articula una visión de un futuro realista, creíble, atractivo, una condición que es mejor que algunas maneras importantes que existen actualmente. Es esta distinción entre el sueño inicial y el cumplimiento real que separa a los líderes de los gerentes.

El líder pasa su tiempo con la primera creación, la visión. Él medita en la visión, él la ensancha, la clarifica, la sintetiza y la comunica. El gerente, por otra parte, es como el obrero de la construcción que sigue el plano, que administra las directivas dadas. Al concentrar la atención en una visión, el líder guía a la célula o iglesia hacia un futuro claro.

Yo animo a los líderes celulares a que sueñen con su grupo celular, que le pidan a Dios que les muestre la dirección que Él desea para el grupo. Yo les digo que sueñen con esos líderes potenciales que necesitan ser desarrollados, con la multiplicación del grupo y el crecimiento espiritual de los miembros de la célula. Los líderes no deben pasar su tiempo haciendo el trabajo del ministerio a expensas del tiempo pasado con Él. Jesús nos enseñó que la adoración viene antes que el servicio (Mt. 4:10; Lc. 10:38-42).

COMUNIQUE LA VISIÓN

Rick Warren dice: «La tarea número 1 de los líderes es aclarar continuamente y comunicar el propósito de la organización».[20] En sus seminarios sobre la Iglesia Con Propósito, él les insta a los pastores que comuniquen su visión claramente a través de los eslóganes, símbolos, historias, y por las Escrituras.[21] Después que la visión ha sido clarificada y simplificada lo suficiente para que los seguidores la puedan comprender, los líderes eficaces usan todas las oportunidades posibles para comunicarla. Barna dice: «Los líderes que han sido muy exitosos insisten que

deben aprovecharse todas las oportunidades, en todo momento, para compartir la visión».[22]

No es posible hablar demasiado sobre su visión. Hay una sutil tendencia autocondenatoria a pensar que las personas están cansadas de escuchar acerca de la visión. No lo crea.[23] Al compartir continuamente la visión, estará inculcando en las personas un claro sentido de dirección y finalmente logrará su meta.

AJUSTE LA VISIÓN

La visión no debe ser considerada únicamente como una experiencia esotérica, espiritual. Entienda que usted puede hacer correcciones a su visión sobre la marcha. Los líderes descubren a menudo que sus metas no están basadas en la realidad. Podrían haber sido tan ideales, de hecho, que los miembros de la célula perdieran el interés.[24] Una visión que no se ajusta a la realidad probablemente terminará en la nada. Para evitar esto, una visión debe ser supervisada y controlada.[25] Una visión debe actuar como un compás en un mar tormentoso, y, como un compás, perderá su valor si no está ajustada para tomar en cuenta todo el ambiente alrededor.

Finalmente, soñar o tener una visión nunca es un fin en sí mismo. Los líderes exitosos pueden traducir la visión en la realidad. No están satisfechos meramente con soñar; deben ver que sus sueños se convierten en una realidad.

PASTORES VISIONARIOS DE LAS IGLESIAS CELULARES

Las iglesias celulares que yo estudié eran dirigidas por pastores visionarios. Los sistemas celulares fluyeron de la visión de los pastores titulares. En sus metas de crecimiento finales de la iglesia preveían centenares de miles de personas. Estaban dedicados a la conquista de ciudades enteras para Cristo; no sólo para lograr el crecimiento de sus iglesias. Estos pastores gozaban de una tremenda autoridad porque eran muy diestros en la captación, articulación e implementación de los sueños y visiones que Dios les había dado. Observé un gran respeto y sumisión entre los miembros de estas iglesias porque sabían que sus pastores escuchaban la voz de Dios. Debido a la visión pastoral, las congregaciones se dieron cuenta de que a su vez ellos eran parte de una obra mayor que ellos mismos.

Los pastores de las iglesias celulares más grandes del mundo hablan sobre la importancia de tener sueños grandes. David Cho, por ejemplo, no sólo recibe la visión de Dios para su iglesia, sino que también enseña a sus pastores ayudantes a soñar sueños grandes. Cho le pide a cada líder celular que capte la visión de Dios para su grupo, y luego anote esa visión en el papel. Usando esas hojas de papel, él les pide entonces a los líderes que miren sus visiones y las vivan.[26]

Los pastores titulares deben crear el ambiente para la multiplicación rápida de la célula al compartir constantemente su visión. Esto ocurre principalmente en el curso de los períodos de entrenamiento, pero también debe oírse en los anuncios, en el sermón y en las ceremonias de entregas de los premios (en honor de los grupos celulares que han multiplicado). De nuevo, la meta de los líderes principales es inculcar esta visión para la multiplicación de la célula en el pensamiento de los líderes celulares. Finalmente, los líderes celulares son las tropas en tierra que hacen que suceda.

CAPÍTULO 6

LAS PRIORIDADES DEL LIDERAZGO

Todos los líderes celulares enfrentan «la tiranía de lo urgente». Con tantos problemas urgentes que el líder celular enfrenta a diario, ¿cuál tendrá la prioridad? Las necesidades son interminables –afinar detalles de la lección para la célula, poner todo en orden para los refrescos, o proporcionar el transporte–. Los líderes celulares se encuentran agobiados con los coros para la adoración, el rompehielos, llamadas y visitas. Aunque estas tareas son nobles, si el líder no tiene cuidado, le pueden desviar lejos del deber más importante: hacer surgir nuevos líderes.

Todo exige una atención inmediata; ¿o no? En medio de la vida agitada de un líder celular, ¿hay alguna prioridad? ¿Algunas cosas exigen más atención que otras? Sí. A continuación se mencionan las prioridades del liderazgo que practican los líderes celulares eficaces.

Enseñanza concentrada

Juan Wesley dijo en cierta oportunidad: «¡Déme 100 hombres que no odien más que el pecado y amen a Dios con todos sus corazones y yo moveré el mundo para Cristo!» Al final de su vida, Juan Wesley había convertido un abigarrado grupo de creyentes en un poderoso ejército de una iglesia celular de 10.000 células y 100.000 miembros.

Los líderes celulares exitosos miran más allá de la urgencia actual a las futuras células hijas, y debido a esa pasión que los lleva adelante, pasan la mayor parte del tiempo entrenando a los nuevos líderes. Esta pasión para levantar nuevos líderes lleva a los líderes celulares exitosos a pasar un tiempo valioso con los líderes potenciales. Esta pasión convierte a los miembros celulares comunes en los nuevos líderes visionarios. Los líderes celulares exitosos reflejan la pasión de Juan Maxwell: «Mi meta no es atraer a un número de seguidores que resulten en una multitud. Mi meta es desarrollar líderes que lleguen a convertirse en un movimiento».[1]

Lamentablemente, esta pasión permanece oculta en muchos líderes celulares e iglesias. Demasiado a menudo el líder se concentra completamente en dirigir el grupo pequeño y verlo crecer en número. El grupo pequeño es el rey. Todos los recursos y el entrenamiento se concentran en la vida del grupo –no en el entrenamiento de los líderes para los grupos futuros–. Los grupos pequeños se vuelven un fin en sí mismos.

El verdadero éxito del liderazgo depende de su respuesta a esta pregunta: ¿Cuántos líderes han sido detectados, entrenados y ordenados? El éxito en el discipulado de los futuros líderes es un estilo de vida bíblico. Moisés enseñó a Josué, y Elías entrenó a Eliseo. Los apóstoles fueron reclutados y entrenados por Jesús. Bernabé discipuló a Pablo, que a su vez desarrolló a Timoteo. Los líderes celulares deben desarrollar el próximo líder a toda costa.

En Mateo 28:18-20 Jesús imparte claras órdenes para marchar a Su joven Iglesia. Un análisis de estos versículos demuestra que de los cuatro verbos principales listados en Mateo 28:19, 20, sólo hay uno, «haced discípulos», que se usa en la forma de una orden directa.[2] Los otros tres verbos complementan la tarea principal de hacer discípulos. La orden de Cristo es clara. Nosotros somos llamados para guiar a todas las personas que llegan a la fe a una completa madurez.

Pablo entendió bien este proceso del discipulado. Él pasó su vida entera preparando a otros para continuar el ministerio de Cristo. La pasión para el desarrollo de nuevos líderes movió a Pablo para aconsejarle a su discípulo Tito a quedarse en Creta «para que corrigieras lo deficiente y establecieras ancianos en cada ciudad, así como yo te mandé» (Tit. 1:5). El cristianismo había empezado en Creta pero no se estableció debido a la falta de líderes. Pablo había pasado por esa región previamente pero no pudo completar el trabajo en ese momento. ¿Por qué? No habían líderes. Así que él le pide a Tito, su discípulo, que termine el trabajo estableciendo líderes piadosos.

Al final de su vida, él exhortó a su propio discípulo, Timoteo, diciendo: «Lo que has oído de mí ante muchos testigos, esto encarga a hombres fieles que sean idóneos para enseñar también a otros» (2 Ti. 2:2). Tome nota del problema de la confiabilidad aquí. El trabajo de pasar el bastón a las siguientes generaciones de líderes no se debe detener debido a un eslabón malo en la cadena. Por todos los medios, el desarrollo del liderazgo debe continuar. La tarea principal de un líder celular, por consiguiente, debe ser la de funcionar de manera que quede libre y otros miembros de la célula entrenados puedan dirigir el grupo celular. Lejos de perder un trabajo, los líderes que forman nuevos discípulos ganan autoridad, nuevos líderes y la multiplicación de la célula. La concentración en el desarrollo de líderes ayuda a un líder a multiplicar su ministerio una y otra vez.

LA ORACIÓN

Los líderes eficaces tanto se preparan por medio de la oración y también oran diariamente por los que están en su célula. Los líderes celulares eficaces también van un paso más lejos y promueven la oración dentro del grupo celular. «Las células son meramente un canal a través del cual el Espíritu Santo fluye», les decimos a menudo a nuestros líderes celulares. Las células rápidamente caen en el «modo de programas» a menos que estén espiritualmente vivos. Tome, por ejemplo, el lugar de la guerra espiritual en el ministerio celular. Cuando las células empiezan a orar por sus barrios y ciudades, los demonios tiemblan.

La oración, como todo otro evento participativo en el grupo celular, trae unidad y estímulo a los miembros de la célula. En Hechos 4 leemos que la oración del grupo trajo unidad y valor a los discípulos. La oración de la célula tiene el mismo poder. Orar en voz alta puede construir las relaciones y la comunidad dentro del grupo.

En cierta oportunidad asistí a una reunión celular en el que el líder les pidió a los miembros que escogieran sus canciones favoritas durante el tiempo de adoración. Después de cada canción el líder de la célula le pedía a la persona que explicara por qué había escogido esa canción particular. Una señora, Teresa, escogió una canción sobre la renovación, y después dijo, sollozando: «Hoy tuve una confrontación enfadada con mi ex-marido». Luego irrumpió bruscamente, diciendo: «Me siento tan sucia. Por favor, oren por mí». El líder de la célula, sensible y guiado por el Espíritu inmediatamente tomó la silla más cercana y pidió a los miembros de la célula que se reunieran alrededor de ella para orar. Teresa se sintió limpia y sanada cuando salió de ese tiempo de oración. Ella llegó a la reunión herida y abatida, pero salió llena y animada.

El líder sensible utiliza el estilo de oración que mejor se adecua al contexto del grupo celular. Cuando hay personas que todavía no son cristianas, por ejemplo, una reunión de oración «ferviente» probablemente no sería lo mejor. La oración silenciosa podría ser lo correcto, o que los creyentes oren en grupos de dos. Los líderes de la célula deben ser sensibles a la situación y deben utilizar el tipo de oración que se adecua más a las circunstancias.

LA EVANGELIZACIÓN RADICAL

Después de su compromiso con la oración, los líderes celulares deben tener como meta alcanzar a los que no son cristianos.

Para poder lograr esta meta, los líderes celulares deben saber la diferencia entre la evangelización a través de la célula y otros tipos de evangelización. En resumen, la evangelización en la célula se logra por las relaciones y de forma continua en oposición a lo impersonal e inmediato. La evangelización celular es un proceso personal de compartir las Buenas Noticias sobre el perdón de los pecados y la nueva vida en Jesús. Debido a la atmósfera personal e íntima de los grupos pequeños, la evangelización ocurre de forma natural. Wuthnow en su minuciosa investigación, titulada *Sharing the Journey* (Compartiendo el Viaje), escribe diciendo que la evangelización por medio de los grupos pequeños en Estados Unidos es natural y auténtica: «Los miembros del grupo dicen que están compartiendo su fe, pero no son atraídos a los programas formales de evangelización que muchos clérigos defienden... Ellos no intentan aprender las técnicas para hablar con los inconversos ni aprender argumentos lógicos para usar en defensa de su fe».[3]

Quiero que quede bien claro que yo creo que todo cristiano debe saber compartir el evangelio de Jesucristo de una manera sistemática. Existen algunos métodos excelentes de entrenamiento para la evangelización hoy día. Pero después que el líder potencial haya aprendido la técnica (por ej.: el bosquejo, la presentación), él o ella debe construir relaciones con personas que todavía no son cristianas para que después de presentar el evangelio, el fruto permanezca.

Cuidado continuo

Cuando recién estábamos evaluando la evangelización en nuestras células, el pastor titular nos preguntó: «¿Cuántas conversiones han tenido en su red esta semana?» Todos quedamos un poco confundidos cuando un director informó: «Cero», pero después dijo que ocho personas recibieron a Cristo en un ministerio separado de evangelización que no tenía ninguna conexión con el ministerio celular. En ese tiempo acabábamos de comenzar a realizar nuestra transición hacia la iglesia celular y todavía quedaba un programa separado que se llamaba «evangelización». Durante esa reunión decidimos que haríamos todos los esfuerzos posibles para conectar la evangelización en la iglesia con el ministerio celular. Nosotros queríamos discípulos, no sólo decisiones.

El discipulado fluye naturalmente de la evangelización en un grupo celular. Después que Juan gana a Roy para Cristo, Juan continúa discipulando a Roy dentro del contexto del grupo celular.

Las iglesias basadas en programas corren para encontrar a las personas en la iglesia para hacer el «seguimiento» a las personas nuevas. Tantas conversiones llenan los informes de las iglesias, pero rinden poco fruto a largo plazo. Éste no es el caso con las conversiones en el grupo celular. Cuando una persona recibe a Cristo en una célula, ella es rodeada inmediatamente por sus hermanos peregrinos, haciendo que el viaje sea soportable.

Dando la bienvenida a los no cristianos

«Le gusta asistir a mi célula, y sí, ella llegará a ser una cristiana finalmente», me dijo René. La confianza de René de que María finalmente recibiría a Jesús estaba basado en el hecho que docenas y docenas de personas han recibido a Cristo por medio de su grupo celular. René y su esposa Patricia les dan la bienvenida a los que no son creyentes. Ellos les hacen sentirse como si fueran parte de la familia. Estos que no son creyentes sienten libertad de compartir sus miedos, dudas y sentimientos.

Una noche visité el grupo celular de René. Noté que una pareja decía muy poco. Cuando se les pidió que compartieran sus pensamientos sobre un pasaje bíblico, era evidente que les faltaba una relación personal con Jesucristo. René no saltó sobre ellos imponiéndoles las buenas noticias (Evangelio). En la célula de René, los que no son creyentes se sienten cómodos mientras los temas son discutidos abiertamente sin controversias. René terminó la reunión de la célula pidiendo a los que quisieran, que repitieran «la oración del penitente» con él. Con la compasión de Cristo, René los guió al Salvador.

Muchos grupos celulares no sólo hacen que los que no son cristianos se sientan bienvenidos, sino que también hacen de esto una prioridad. En el Centro de Oración Mundial Betania, por ejemplo, se les pide a sus líderes celulares que inicien grupos celulares entre sus amistades inconversas; dondequiera que se hallen.

En la Iglesia de la República tenemos más de treinta grupos celulares universitarios que se concentran principalmente en la evangelización. El ambiente al aire libre del campus universitario se presta para alcanzar a los que no son cristianos. Johnny Suárez empezó nuestro primer grupo celular universitario entre los incrédulos. En cuestión de unos pocos meses algunos que no eran cristianos recibieron a Cristo. María Luisa, una de las creyentes nuevas, fue bautizada poco después y empezó a dirigir un grupo celular diferente en el mismo campus universitario, con la supervisión de Johnny Suárez. Aunque estos grupos tienen como objetivo principal la evangelización y la búsqueda de personas nuevas, los elementos de conocer a Dios y la edificación de las relaciones aún están presentes.

La Iglesia en Brady, un ministerio urbano para la plantación de iglesias empezó doce iglesias en el corazón de Los Ángeles. Para alcanzar este grupo básico y étnicamente tan diverso, la Iglesia en Brady confió plenamente en los grupos pequeños dirigidos hacia los no cristianos. Seis preguntas ayudaron a concentrar los pequeños grupos alrededor de los pasajes bíblicos prescritos:[4]

- ¿Qué le gustó?
- ¿Qué es lo que no le gustó?
- ¿Qué fue lo que no entendió?
- ¿Qué fue lo que aprendió sobre Dios?
- ¿Qué quiere hacer como respuesta?
- ¿Qué frase, pensamiento, u oración quiere conservar al ir a su casa?

En estos grupos hay poca oración, cantos o conversación sobre la iglesia. Las necesidades de los que no son creyentes es la prioridad.[5] Ralph Neighbour los llama los Grupos Meta porque tienen como meta un público particular. La mayoría de las iglesias celulares los llaman simplemente grupos celulares, aunque reconocen que existe un énfasis especial. Aunque la célula que enfatiza la búsqueda de las personas nuevas tiene como prioridad la evangelización, esto no significa que el discipulado no existe.

Visitación consistente

Cuando Nehemías oyó hablar del estado terrible del templo en Jerusalén, él dijo: «...Me senté y lloré, hice duelo por algunos días, ayuné y oré delante del Dios de los cielos» (Neh. 1:4). Pero Nehemías hizo más que llorar y orar. Actuó presentando su carga al rey y después *visitó* Jerusalén (Neh. 2). Él llegó a ser la solución a sus oraciones visitando personalmente el lugar donde estaba el problema. Una de las maneras mejores para que un líder de célula ponga «pies a sus oraciones» es por medio de la visitación personal. Por medio de la visitación personal un líder celular verdaderamente entiende el estado de su grey.

Cuando una persona empieza a asistir a una célula, a menudo es difícil de conocer el estado espiritual de esa persona. Francisco, por ejemplo, podría hablar en la jerga cristiana, pero a veces había detalles que indicaban que le faltaba una relación personal con Jesucristo. Yo realmente no llegué a conocer su verdadero estado espiritual hasta que lo visité personalmente. No era necesario sondear mucho antes de que yo comprendiera que Frank había entrado en la fe evangélica debido a su esposa creyente. «Estoy intentando de llegar a ser un cristiano al ir conociendo más», me dijo. Yo le sugerí que nos reuniéramos en mi casa la semana siguiente para entender el verdadero significado del cristianismo. Él recibió a Jesús en mi casa la semana siguiente y continúa creciendo en su fe.

Cho escribe: «He hallado que la única manera definida de aumentar el número de miembros de la iglesia es a través del contacto personal...»[6] El contacto personal, tal como lo define Cho, involucra la visitación a los miembros de la célula, contactos recientes, la evangelización personal, y también satisfacer las necesidades físicas de las personas lastimadas.[7] En la Iglesia del Pleno Evangelio Yoido la pasión por la visitación no reside solamente entre los pastores. Los pastores les han pasado el bastón también a los líderes laicos. Según un estudio tomado entre 400 líderes laicos, el líder de célula promedio visitaba entre tres y cinco casas por semana.[8]

La hora y media que dura la reunión de la célula es insuficiente para cuidar adecuadamente a la grey. Un líder celular también debe reunirse con las personas en otras ocasiones aparte.

En mi encuesta a más de 700 líderes celulares, descubrí una relación directa entre las veces que el líder de la célula tenía contacto con personas nuevas y su éxito en la multiplicación del grupo. Si el líder tenía contacto con cinco o siete personas nuevas por mes, había un 80 por ciento de posibilidades de que multiplicaría su grupo celular. Si el líder sólo visitaba entre una y tres personas por mes, las posibilidades bajaban a un 60 por ciento.

Yo sé que es difícil levantar el teléfono y llamar a un miembro de la célula o tomar el automóvil para hacer una visita. A menudo, se necesita pura fuerza de voluntad. Y quizás esto es lo que distingue a los líderes celulares exitosos. Ellos hacen lo que saben que deben hacer cuando saben que deben hacerlo. Theo-

dore Roosevelt, uno de los grandes líderes del siglo xx dijo en cierta oportunidad: «No hay nada brillante o fuera de lo común en mi registro, sino sólo una cosa: Hago lo que entiendo que se debe hacer... Y cuando resuelvo hacer una cosa, actúo». Ponerse en contacto con su grey requiere acción, aunque tenga ganas o no.

Aquí hay algunos principios útiles que lo guiarán en su visita tanto a las personas nuevas como a los miembros fieles del grupo. Primero, visite a los miembros de la célula sistemáticamente. De esta manera, un líder celular evitará excluir a alguien.[9] En segundo lugar, haga la visita corta. Los líderes celulares pueden aprender del arte de la visitación pastoral. Una visita de 15 minutos es suficiente. Es mejor partir antes que después. Deje que la persona desee que usted pueda quedarse más tiempo, en lugar de sentirse incómodo porque usted no se fue antes. En tercer lugar, visite estratégicamente. Empiece con sus futuros líderes celulares; luego visite a los menos comprometidos; finalmente, visite a los nuevos en el grupo.

Comunicación eficaz

Todo lo de los grupos celulares es sobre la comunicación. La meta del líder de una célula es estimular la comunicación, la interacción y participación entre los miembros del grupo. Por esto los líderes celulares deben aprender todo lo que puedan sobre el arte de las dinámicas de los grupos pequeños. Escuchar, por ejemplo, es el amor expresado visiblemente a los miembros del grupo; así que el líder de una célula debe hacerlo mucho. Los líderes deben enfocar en las respuestas de los miembros, en lugar de estar preocupados con sus propias palabras –lo que ellos han preparado–. Lograr mayor participación es de verdad un arte que requiere mucha práctica. Los líderes de la célula deben tomar especial cuidado de no dominar la reunión celular y evitar el síndrome del miniculto. Deben responder positivamente a cada miembro, buscando mantener el flujo de la participación.

SIGA ADELANTE

Este capítulo está diseñado para proporcionar el punto de partida. La mayoría de las personas que leen este capítulo inmediatamente verán su propia necesidad, las áreas donde no logran resultados satisfactorios. Las noticias buenas son que estamos todos en el mismo proceso y ninguno de nosotros ha llegado. Las palabras de Pablo traen estímulo e instrucción: «No que lo haya alcanzado ya, ni que ya sea perfecto; sino que prosigo, por ver si logro asir aquello para lo cual fui también asido por Cristo Jesús. Hermanos, yo mismo no pretendo haberlo ya alcanzado; pero una cosa hago: olvidando ciertamente lo que queda atrás y extendiéndome a lo que está delante, prosigo a la meta, al premio del supremo llamamiento de Dios en Cristo Jesús» (Fil. 3:12-14).

II. Modelos de entrenamiento para el desarrollo de los líderes celulares

CAPÍTULO 7

CÓMO JESÚS DESARROLLÓ SUS LÍDERES

Jesús constantemente desafiaba a las personas para que le siguieran. Yo conté más de veinticinco ocasiones en los evangelios en las que Jesús exhortó a las personas directamente para ir en pos de Él. Uno de esos seguidores era Pedro. Aunque vacilante en ciertas ocasiones, Pedro siguió a Jesús todo el camino hasta el martirio. Antes de su muerte, exhortó a sus propios discípulos, diciendo: «Para esto fuisteis llamados, porque también Cristo padeció por nosotros, dejándonos ejemplo para que sigáis sus pisadas» (1 P. 2:21). Pablo, otro seguidor de Cristo, desafió a la iglesia en Corinto, diciéndoles: «Sed imitadores de mí, así como yo lo soy de Cristo» (1 Co. 11:1). Al igual que Pedro y Pablo, somos llamados a seguir el ejemplo de Cristo.

Los principios que Jesús usó entrenando a Sus discípulos se aplican directamente a los líderes que se entrenan hoy día. Jesús tomó un grupo de hombres poco respetables y los transformó en líderes altamente motivados. Nosotros haríamos bien de seguir Su ejemplo para el entrenamiento de los líderes.

JESÚS LLAMABA A LAS PERSONAS DE ENTRE LA MULTITUD

Es importante recordar que Jesús convocó a las personas a salir de la muchedumbre, de la multitud, para entrar en una relación de discipulado con Él. El objetivo del ministerio de Cristo entre la muchedumbre era convertir a la muchedumbre en discí-

pulos. El propósito de Cristo siempre fue de preparar seguidores comprometidos en lugar de simples entusiastas. Cuando una persona tomaba una decisión personal de seguir a Jesús, esa persona saldría de entre la muchedumbre y llegaría a ser un discípulo de Cristo.

Las iglesias celulares piden a la multitud el domingo de mañana –los que asisten para escuchar– que comiencen el entrenamiento específico con la meta de dirigir finalmente un grupo celular. Las iglesias celulares se concentran en el entrenamiento de las masas para que lleguen a ser líderes celulares. La meta principal de la iglesia celular no es cuántas personas asisten al culto el domingo, sino de cuántos grupos nuevos comenzarán. El líder de una célula asume un compromiso adicional, por encima de una mera asistencia a la iglesia.

JESÚS DEMOSTRABA LAS VERDADES VITALES

Jesús no sólo enseñó a Sus discípulos sobre la oración. Más bien, les pidió que le acompañaran a las reuniones de oración. Él permitió que Sus discípulos le vieran orar. Cuando los discípulos le preguntaron finalmente lo que estaba haciendo, Él aprovechó la oportunidad para enseñarles sobre la oración (Lc. 11:1-4). En lugar de darles una clase de hermenéutica o exégesis, Jesús citó las Escrituras en su diálogo y luego les explicaba el significado de las Escrituras (hay 66 referencias al Antiguo Testamento en Su diálogo con los discípulos). Lo mismo sucede con la evangelización. Jesús evangelizó a las personas en presencia de Sus discípulos y luego les instruyó al respecto. Él se aprovechó de las situaciones de la vida real para explicar cuidadosamente los problemas doctrinales complejos (por ej., el joven rico en Mt. 19:23).

Cristo estaba constantemente repasando las experiencias de Sus discípulos y luego les daba un comentario adicional (Mr. 9:17-29; 6:30-44). El modelo de Cristo era así:

✓ Déle experiencias a los discípulos y permítales hacer sus observaciones personales.

✓ Use las experiencias y observaciones como un punto de par tida para enseñar una lección.

Cristo sabía que la información teórica separada de la experiencia práctica tendría muy poco valor duradero. Después que los discípulos de Cristo finalizaron su gira ministerial, se reunieron con Jesús para discutir lo que había pasado. Los apóstoles se reunieron alrededor de Jesús y le informaron de todo lo que habían hecho y enseñado (Mr. 6:30). En otra ocasión los discípulos le dijeron a Jesús: «Señor, hasta los demonios se nos sujetan en tu nombre» (Lc. 10:17). Jesús aprovechó la oportunidad para instruirles más y darles una guía adicional: «Pero no os regocijéis de que los espíritus se os sujetan, sino regocijaos de que vuestros nombres están escritos en los cielos» (Lc. 10:20).

Las personas aprenden mejor cuando participan en la actividad. Sin embargo, no deben quedar solos. Es fundamental que sean supervisados personalmente y sean guiados mientras continúan con el trabajo. La supervisión forma la base del ministerio celular. Sin ella, las células individuales y los líderes celulares empezarán a girar en sus propias órbitas dentro de su propio sistema solar y finalmente crearán dificultades y dolor a la iglesia. Con una diligente supervisión, un nuevo líder celular aprenderá de sus errores. La supervisión en la iglesia celular es el aceite que mantiene la maquinaria funcionando.

Una senda de capacitación clara, bien definida, con excelentes materiales, es esencial en la iglesia celular. Igual de importante, sin embargo, es la demostración práctica y la supervisión de los conceptos por el líder celular. En la iglesia celular todos los líderes celulares potenciales deben participar en una célula mientras reciben capacitación informativa. El líder de la célula, como Jesús, debe demostrar los principios celulares en presencia del líder potencial de la célula e incluso debe permitirle participar en la célula (por ej., dirigir el rompehielos, etc.).

Jesús se concentró en los futuros líderes

Cristo sabía que para transformar el mundo Él necesitaría concentrarse en un grupo específico de líderes. Los hombres, no los programas, formaron la base de la evangelización de Cristo para alcanzar el mundo. En determinadas oportunidades, Cristo incluso escogía huir de las multitudes para concentrar Sus energías en Sus discípulos que finalmente dirigirían la Iglesia. Jesús no descuidaba la multitud, pero se concentró en Sus discípulos que supervisaban y discipulaban a los demás. A menudo Él los separaba de las multitudes según leemos en Marcos 9:30-31: «(Jesús) no quería que nadie lo supiera, pues enseñaba a Sus discípulos...»

De los 550 versos en Marcos que registran el ministerio de Cristo, 282 muestran a Jesús relacionándose con el público, mientras 268 ilustran su trabajo con los doce.[1] Cristo practicaba el principio de la concentración: cuanto más pequeño fuera el tamaño del grupo, las posibilidades de instrucción eran mayores. Incluso dentro del grupo de los doce, Él les prestó más atención a Pedro, Jacobo y Juan. El ejemplo de Cristo nos enseña a recordar que la eficacia de la enseñanza coincide con el tamaño del grupo.

Cuán diferente de los modelos de entrenamiento tradicionales que reinaban en los días de Jesús. Los escribas seguían un procedimiento escolástico que incluía estrictos rituales y fórmulas de conocimiento. Cristo, en contraste, les pedía a Sus discípulos que siguieran Su ejemplo. Robert Coleman hace el siguiente comentario:

> Cuando uno se detiene para pensar, ésta era una manera increíblemente sencilla. Jesús no tenía ninguna escuela formal, ningún seminario, ningún curso desarrollado de estudio, no había tampoco ninguna cantidad de miembros periódicos divididos en clases en las que Él enrolaba a sus seguidores. Ninguno de estos procedimientos altamente organizados que hoy día se consideran tan necesarios entraba en su ministerio. Puede sorprendernos, pero todo lo que hizo Jesús para enseñar a estos hombres era para atraerlos a sí. Él era su propia escuela y currículum.[2]

La concentración intencional de Cristo en los doce cobra importancia cuando nos damos cuenta de que las multitudes clamaban reclamando Su atención. Ellos querían tomarlo por la fuerza y coronarlo Rey (Jn. 6:15). Incluso los fariseos admitieron que el mundo había ido tras Él (Jn. 12:19). Sin embargo Cristo sabía que Él necesitaba concentrarse en unos pocos para preparar a los que dirigirían a la multitud.

Sabemos del libro de Hechos que la estrategia de Cristo funcionó: Hechos 2:41-42 dice: «Así que, los que recibieron su palabra (de Pedro) fueron bautizados, y se añadieron aquel día como tres mil personas. Y perseveraban en la doctrina de los apóstoles, en la comunión unos con otros, en el partimiento del pan y en las oraciones».

Entrenar en el ministerio celular podría incluir el aula, pero debe ir más allá de él. Debe involucrar la interacción personal entre el aprendiz y el entrenador en su experiencia en el lugar mismo del trabajo. Los líderes celulares deben tener un contacto personal con los miembros de sus células para que permanezca el fruto. Para que el entrenamiento para el liderazgo sea eficaz se requiere que haya una atención personalizada.

Jesús demandaba obediencia

Jesús demandaba obediencia de Sus discípulos. A menudo los discípulos no entendieron las palabras de Cristo o Sus enseñanzas. No podían comprender el significado de la muerte de Cristo en la cruz (Mt. 16:22), el lugar de ellos en el reino (Mr. 9:33-37), ni tampoco el humilde servicio a otros (Mt. 20:24). Sin embargo Jesús vio que tenían una actitud tal que eran capaces de recibir la enseñanza y estaban deseosos de aprender. Los discípulos de Cristo estaban dispuestos a dejar todo por seguir a Jesús (Lc. 5:11) y éste era el único ingrediente clave que requería Jesús.

Lo que caracteriza a los líderes eficaces hoy día es la obediencia. Sólo se da mayor conocimiento como resultado de haber actuado sobre lo ya comprendido en el presente. Los líderes exitosos entienden que la cantidad de conocimiento que poseen es mucho menos importante que lo que ellos hacen con él.

Jesús esperaba que Sus líderes se reprodujeran

La última orden de Cristo a Sus discípulos clarifica la meta de Su entrenamiento. Él esperaba que Sus discípulos reprodujeran

en sus propios discípulos los mismos principios que Él les enseñaba. Él les ordenó que hicieran «... discípulos a todas las naciones, bautizándolos en el nombre del Padre, y del Hijo, y del Espíritu Santo, y enseñándoles que guarden todas las cosas que os he mandado» (Mt. 28:19-20).

Siguiendo el modelo de Cristo

La iglesia celular se acerca al método del discipulado bíblico de Jesús. No hay una comparación exacta, pero los puntos en común abundan. Esa misma pasión que gobernaba la vida de Cristo en el entrenamiento de los doce debe impulsar al líder de la célula a ubicar, desarrollar, y liberar nuevos líderes celulares. El líder de una célula ha hecho el compromiso de mantenerse aparte de la muchedumbre, haciendo un compromiso de un mayor nivel, con Jesús Cristo. Éstos son los verdaderos discípulos en cualquier iglesia y deben ser reconocidos como tales. Las grandes iglesias van un paso más allá y tienen como meta enviar a trabajar un ejército entero de líderes celulares.

CAPÍTULO 8

EL DESARROLLO DE UN SISTEMA PARA MENTORES

¿Puede recordar a alguien que le ha producido un impacto duradero en su vida? Una clase de un liceo (enseñanza secundaria) en Harlem en la ciudad de Nueva York, recuerda a Eugenio Lang de una manera muy especial. A Lang se le pidió que hablara a sesenta estudiantes de la escuela secundaria en su alma máter, Escuela Pública número 121. Siendo Lang el presidente de una empresa muy exitosa con el movimiento de un capital importante, él sabía que menos del 50% de los estudiantes se graduaría del liceo. Él se había sentado antes en la misma aula y conocía el camino pedregoso que los estudiantes enfrentarían.

Cuando les habló a esos jóvenes en 1981, puso ante ellos una oferta asombrosa: Él les ofreció pagar por la educación universitaria de todos los estudiantes que graduaran del liceo. Lang hizo más que hacerles una oferta; él invirtió su tiempo personal y su atención en esos sesenta jóvenes.[1] Como resultado, cincuenta y dos de los sesenta estudiantes graduaron de la E.P. Nº 121 y treinta y cuatro siguieron adelante a la universidad. Lang estimuló a los estudiantes en esa clase hacia el éxito por involucrarse, llegando a ser parte de su discurso. Ser un mentor en su sentido más puro es estimular y capacitar a otros para que tengan éxito.

¿CUÁL ES LA TAREA DE UN MENTOR?

La palabra *mentor* se originó en la mitología griega. Mentor era el nombre de un sabio y fiel consejero para Odiseo. Cuando Odiseo partió en un largo viaje, le confió la enseñanza de su hijo Telémaco a su consejero, Mentor. Por medio del consejo de Mentor, el hijo de Odiseo llegó a ser un gran líder.[2] Hacer de mentor describe a alguien en una relación con otra persona. Esta relación podría ser formal, informal, intensiva u ocasional. Posiblemente el mentor ni siquiera sabe que él es un mentor. La mejor explicación de esta función de ser mentor que he encontrado viene del Dr. Roberto Clinton, que la define como una «... experiencia de una relación en la cual una persona estimula y capacita a otra compartiendo los recursos dados por Dios».[3]

LA FUNCIÓN DEL MENTOR ABARCA VARIAS RELACIONES

El concepto de la función de un mentor es tan refrescante debido a su amplia aplicación. Si usted es como yo, usted no puede señalar a sólo una persona que influyó en su vida. Probablemente apuntará a muchos que fueron sus mentores en diferentes períodos en su vida. Dios en Su gracia proporciona a los mentores a lo largo de nuestras vidas para fortalecernos y animarnos.

La función de un mentor no es el discipulado, aunque incluye el discipulado. La diferencia principal radica en el alcance de los dos términos. El discipulado tiene un enfoque más estrecho, dando énfasis a las dimensiones espirituales de la persona. Muchos entienden que el discipulado involucra una relación intencional, formal y regular con alguien (especialmente a los creyentes más jóvenes).

La función del mentor, por otra parte, es una expresión más amplia que va más allá del discipulado. Éste podría ser ocasional, informal o histórico. En la siguiente tabla Clinton describe

cómo esta función podría incluir el discipulado activo, consejería ocasional, o incluso podría realizarse indirectamente a través de la lectura de las biografías.[4] Dependiendo del tipo de relación, un mentor podría cumplir el papel de un maestro, entrenador, patrocinador, amigo, consejero o asesor.

HAY DIVERSAS CLASES DE MENTORES[5]

ACTIVO	OCASIONAL	PASIVO
Discipulador Un seguidor maduro de Cristo ayudando a un creyente inmaduro a crecer en la vida cristiana. **Guía Espiritual** Una persona espiritual que desarrolla a otra persona que necesita desarrollarse espiritualmente. **Entrenador** Un proceso por medio de una relación, en la que una persona que sabe hacer algo muy bien, imparte esa capacidad a una persona que desea aprender.	**Consejero** Muy parecido a un consejero normal. Uno halla consejeros formales cuya profesión es ayudar el cuerpo de Cristo por medio de la consejería. Hay otros que brindan consejos sobre una base más informal. **Maestro** Éste es su maestro normalmente dotado que imparte conocimiento a las personas con la necesidad específica de aprender y que son motivados por el maestro para poner sus conocimientos en acción. **Patrocinador** Esta es una persona con influencia que levanta a un joven que está surgiendo como líder. Podría hacer esto estimulándole o recomendándole a él/ella.	**Modelo Contemporáneo** El atractivo de seguir a una persona que tiene dones como los nuestros. **Modelo Histórico** Una persona puede ser influenciada indirectamente por medio del estudio de la vida de una persona en forma de biografía. **Contacto Divino** A veces Dios envía un contacto divino para servirnos de mentor de alguna manera especial, aunque lo queramos o no. Debemos estar preparados para reconocerlo y responder según el poder de Dios que actúa a través de él.

Quizás usted se queja porque no puede encontrar un mentor. ¿Ha probado la lectura de las biografías de hombres y mujeres piadosos del pasado? Los mentores históricos pueden causar un fuerte impacto sobre nuestras vidas. C. T. Studd me estimuló para llegar a ser un misionero. Jorge Mueller en más de una ocasión ha desafiado mi fe. La función de un mentor también se realiza patrocinando, aconsejando, enseñando, y en las relaciones entre compañeros, para nombrar algunos.

EL MENTOR PATROCINADOR

Un patrocinador es un mentor que conoce algo que usted no conoce, o que puede abrir una puerta que usted no puede. El papel de un patrocinador es usar su conocimiento especializado y su experiencia para ayudar a otra persona que carece de esta capacidad.

Considere el papel estratégico que Bernabé tuvo en la vida del apóstol Pablo. Nadie en Jerusalén quería asociarse con Pablo. ¿Por qué arriesgar la vida? Bernabé poseía algo que Pablo precisaba: una relación especial con los principales en Jerusalén. Como un verdadero patrocinador, Bernabé presentó a Pablo a sus amigos que tenían dudas, consolidando de esa manera el ministerio de Pablo con los pilares de la iglesia del Nuevo Testamento. El escritor de Hechos dice: «Entonces Bernabé, tomándolo, lo trajo a los apóstoles y les contó cómo Saulo había visto en el camino al Señor, el cual le había hablado, y cómo en Damasco había hablado valerosamente en el nombre de Jesús. Y estaba con ellos en Jerusalén; entraba y salía, y hablaba con valentía en el nombre del Señor» (Hch. 9:27-28).

El mentor consejero

La función de un mentor es lo suficientemente amplia como para incluir una palabra de consejo, una visión, o un estímulo. Piense en el consejo que Jetro le dio a Moisés. Provenía de un verdadero amigo y fue dado justo en el momento correcto y de esta manera revolucionó el ministerio de Moisés. Salomón dijo: «Los pensamientos se ordenan con el consejo, y con dirección sabia se hace la guerra» (Pr. 20:18). Los verdaderos mentores permanecen sobre aviso buscando oportunidades para aconsejar a los líderes jóvenes para que eviten cometer serios errores de juicio. Clinton dice: «La consejería informal en un encuentro personal puede proteger a los líderes jóvenes de acciones que podrían tener serias consecuencias».[6]

Mi esposa Celyce y yo, experimentamos este mismo consejo informal en 1988. En ese tiempo, Celyce y yo estábamos haciendo planes de pasar el resto de nuestras vidas en Guinea, África Oriental, como misioneros con la Alianza Cristiana y Misionera. Cuando le mencionamos esto a Don Young, el candidato a secretario de la AC&M, él nos dio una mirada de desaprobación y nos animó a pensar en América del Sur. Él consideró que a los treinta y dos años de edad, yo tendría muchas dificultades para aprender los dos idiomas requeridos de Guinea, África Oriental.

Nos sentimos aplastados por su consejo pero decidimos considerar sus palabras. Después de todo, él era el jefe. Miramos varios países latinoamericanos en el libro *Operation World* (Operación Mundo) de Patrick Johnston, tomando en cuenta que Ecuador sería una buena opción con sólo un 3,5% de evangélicos. La realidad era que no estábamos seguros. Incluso después de ayunar y orar, seguíamos con dudas. El segundo día de ayuno recibimos una carta de Pablo Johnson, un misionero en Ecuador, con el consejo preciso que necesitábamos. No habíamos hablado con este misionero por un año y medio, por lo menos, así que sabemos que Dios lo movió en forma sobrenatural para que nos enviara esa carta justo en el momento correcto. Aquí transcribo lo que dice la carta:

> ¿Todavía está pensando en África para el trabajo misionero? Si es así está muy bien. Pero con toda justicia para usted, pienso que debería averiguar lo que Dios le dice cuando le pregunta específicamente acerca de Ecuador. Tenemos tantas oportunidades aquí con varias iglesias en crecimiento. Con su experiencia, usted funcionaría bien en un ministerio en equipo en la ciudad de su elección. Nunca querría influenciarle en un sentido u otro pero con toda seguridad me agradaría si el buen Señor lo guiara en esta dirección.

Fue una palabra de consejo que satisfizo nuestras necesidades en el momento exacto en nuestras vidas. Pablo Johnson decidió levantar su pluma y escribir a un pastor joven que necesitaba ser guiado. Éste es el corazón de esta función como mentor: hacer el esfuerzo de hablar en la vida de un líder potencial.

EL MENTOR PAR

A veces solemos pensar que la relación de un mentor es sólo en un sentido. Yo soy su mentor y usted es el mentor de otra persona. Éste no siempre es el caso. Esta función de mentor puede suceder entre personas de la misma edad y el mismo nivel de madurez. Jonatán y David fueron mentores el uno para el otro a través de una amistad sólida como la roca. Kevin Strong y yo tenemos una relación similar. Nosotros somos mentores pares. Cuando nos reunimos compartimos nuestras historias. Yo escucho sus luchas y él escucha las mías. Los mayores beneficios de nuestra relación como mentores pares ocurren mientras estamos en el proceso de escuchar. No intentamos esconder nada. De hecho, tenemos por cometido compartir nuestras grandes luchas. Cuando le ofrezco consejo a Kevin, trato de no parecer dogmático. El mejor consejo en una relación de un mentor par es la simpatía que viene de escucharse el uno al otro. Siempre terminamos nuestro tiempo con oración. Cuando a Kevin le diagnosticaron recientemente cáncer del cerebro por segunda vez, él sabía que podía contar conmigo para la simpatía y la oración.

Elementos de la relación con el mentor

Modelando los roles

Pablo nos dice que sigamos su ejemplo. Él dice en 1 Corintios 11:1: «Sed imitadores míos, así como yo lo soy de Cristo». A los tesalonicenses, él les dijo: «Vosotros mismos sabéis de qué manera debéis imitarnos» (2 Ts. 3:7). Un mentor es ante todo un ejemplo. Jesús no nos gritó desde el cielo. No, Él bajó en la forma de un hombre y vivió entre nosotros. Él fue un modelo para mostrarnos cómo vivir. Como dice Howard Hendricks: «Dios siempre envuelve Su verdad en una persona. Ése es el valor de un mentor piadoso. Él muestra cómo se ve la verdad bíblica cuando está encarnada en una persona».[7]

Yo era afortunado de tener a Pedro Wagner como mi mentor Ph.D. de una manera formal, pero Pedro Wagner también fue mi mentor de una manera informal. Los tiempos más memorables los experimenté mientras trabajaba como su ayudante de investigación. Mientras estaba sentado en su oficina, observaba el orden de sus libros, la manera cómo trabajaba, sus placas, etc. Fue la mejor educación que recibí mientras estaba en el Seminario Teológico Fuller. Todavía considero a Pedro Wagner como mi mentor y modelo, aunque raramente nos hablamos personalmente. Él continúa teniendo un impacto duradero en mi vida.

Aunque nos guste o no, nuestras vidas son un modelo viviente para los que están alrededor de nosotros. Algunos querrán emular nuestro ejemplo. Éste es el papel de un mentor contemporáneo. Un mentor contemporáneo ministra a las personas a través de su modelo del rol, aunque haya una relación intencional y formal, o no. Los mentores contemporáneos viven los valores que consideramos importantes y nos mueven a seguir su ejemplo. Alberto Bandura, el renombrado psicólogo que enseñó durante muchos años en la Universidad de Stanford cree que la mayor parte de la conducta humana es aprendida a través de la observación de los modelos.[8] El misionero médico, Albert Schweitzer dijo en cierta oportunidad: «El ejemplo no es lo principal para influir sobre otros... es lo único».

ATRACCIÓN

La gente tratará de vivir según las expectativas de las personas que ellos admiran y respetan. Encontrar el mentor correcto es algo así como estar enamorado. Cierta química debe estar presente. Muchas relaciones de los mentores fracasan por la falta de cierta atracción. Es este elemento de atracción que mueve a una persona a trabajar duro para complacer a su mentor. Hay un deseo de hacer lo imposible para cumplir los requisitos que el mentor requiere. Por lo general la persona que es discipulada se siente atraída al mentor por su conocimiento y los recursos que éste posee. En otras palabras, la persona que es discipulada desea poseer lo que el mentor tiene. El mentor faculta a su discípulo compartiendo los recursos que Dios le ha dado.

RELACIÓN

Pablo, el apóstol, a menudo se refiere a sus discípulos con nombres cariñosos, tales como «amado hijo» (Timoteo). Si usted sabe que alguien lo quiere y desea que usted tenga éxito, probablemente usted estará motivado para sobresalir.

El mentor debe esforzarse por establecer una amistad y confianza en la relación con su discípulo. El compartir libremente y con transparencia consolida las relaciones; por lo tanto, el mentor debe compartir su vida y sus luchas abiertamente. En *El Arte del Discipulado* (*The Art of Mentoring*), Shirley Peddy dice:

> Cuente su historia primero. Muy a menudo cometemos el error de hacerle una pregunta a la otra persona, y lo ponemos en una posición incómoda. «¿Le gustó la reunión esta mañana? ¿Se quedó usted hasta el final?» Esto es más bien un interrogatorio, y no una conversación para incrementar la confianza. No es de sorprenderse que la otra persona se sienta expuesta y vulnerable. Él se cuestiona por qué usted le está preguntando. ¿Cómo debe contestar? ¿Es esto un examen? Para evitar esta reacción, siempre empiece con su propia historia, asegurándose que no sea algo que lo destaque demasiado favorablemente. Quizá cuando usted asistió a la reunión por la mañana, usted se fue unos minutos antes de terminar. Usted le dice: «La verdad es que yo nunca puedo quedarme despierto en las

reuniones». Cuando revela algo personal sobre usted, toma el primer paso hacia la creación de confianza.[9]

La función de un mentor, entonces, encierra primero una relación de amor. Los grandes mentores escuchan bien. Ellos comprenden que los que ellos están discipulando desean compartir sus metas en la vida, y sus sueños. Ellos entienden que escuchar es un trabajo arduo y se preparan para eso mismo.

RESPONSABILIDAD

Para evitarse desilusiones en su función como mentor, lo mejor es poner todo sobre la mesa al comienzo de una relación como mentor. Las personas necesitan hablar abiertamente sobre diversas cuestiones tales como la frecuencia de las reuniones, trabajos, materiales que se usarán, y cuándo terminará dicha relación. A diferencia de la relación hacia los padres, el discipulado seguirá su propio curso.

Para que funcione la relación mentor-discípulo, el discípulo debe demostrar una actitud de sumisión voluntaria para que el consejo y las tareas sean respetados y cumplidos.[10] Esta «sensibilidad» se refleja en el consejo de Pablo a Timoteo: «Lo que has oído de mí ante muchos testigos, esto encarga a hombres fieles que sean idóneos para enseñar también a otros» (2 Ti. 2:2).

Juan (no es su verdadero nombre) parecía un gran tipo para ser discípulo. Él se tomó el trabajo de buscarme, y yo me sentía igualmente atraído hacia él para ministrarle. Pasamos mucho tiempo juntos, formal e informalmente. En varias oportunidades invité a Juan a cenar en nuestra casa. Mis hijos esperaban las visitas de Juan ávidamente. Todo parecía funcionar, hasta que noté una falla fatal.

Descubrí que Juan no cumplía con sus compromisos. Él decía que sí a mis sugerencias para agradarme, pero luego no actuaba. Yo deseaba honestidad más que una obediencia ciega, pero esperaba que él cumpliera con lo prometido. Me di cuenta de que no cumplir con lo prometido era su estilo de vida, y finalmente me vi obligado a cortar la relación de discipulado. Juan sigue vagando a través de la vida, buscando trabajo aquí y allí con poco éxito. Baste decir que el compromiso, la fidelidad, y llevar a cabo las cosas son cualidades esenciales en una relación con su mentor.

Si un mentor entra en una intensa y formal relación con un discípulo, él o ella debe esperar ver los resultados. En su libro *Entrenamiento: Evocando la Excelencia en Otros* (*Coaching: Evoking Excellence in Others*), James Flaherty dice: « ... no es válido que un entrenador diga: "Yo hice todo bien, pero el entrenamiento no funcionó". Mi punto de vista es que un entrenador que haga esta declaración no estaba haciendo las correcciones a medida que iba avanzando, y en cambio seguía una rutina repetida que podría haber funcionado antes».[11] El mentor o el entrenador debe ajustar el proceso según los resultados y estar dispuesto a aprender de nuevo en cada situación.

El mentor en la iglesia celular

Muchas iglesias celulares conectan a todos los creyentes nuevos en una célula con un mentor/patrocinador dentro del mismo grupo celular. Marcos Jobe, pastor de la Iglesia Comunidad Nueva Vida, marchó adelante con el éxito de la multiplicación de los grupos celulares hasta que comprendió que hacía falta la función de un mentor en las células. Él escribe: «En los primeros días de nuestros grupos celulares, cometimos el error de asumir que la formación de discípulos ocurriría simplemente por reunir a las personas en las células. Ahora sabemos que nos faltaba un vínculo clave en el proceso del discipulado: la relación con un patrocinador uno a uno (función del mentor) dentro del contexto de la célula. Ahora sabemos que las personas necesitan ser entrenadas para ser mentores de otros en Cristo. No sucede automáticamente».[12]

El líder de la célula debe tomar la responsabilidad de asegurarse de que todas las personas nuevas sean discipuladas. Es mejor si un miembro del grupo sea asignado a la persona nueva de modo que la responsabilidad sea compartida dentro del grupo. El líder de la célula debe intentar conectar a las personas de su misma edad, género y cualquier otra característica común, aunque el elemento de atracción (mencionado antes) posiblemente no siempre sea posible.

A menudo un mentor-patrocinador usará una guía de estudio para dirigir la discusión semanal, pero ante todo debe confiar en la guía del Espíritu Santo. La meta del mentor es guiar a la persona nueva a la madurez, con la meta final de preparar a la persona para dirigir un grupo celular.

Pero esta función de mentor nunca es un fin en sí mismo. Más bien, es un eslabón en la cadena. El mentor pasa suficiente tiempo con el recién convertido para pasarlo al próximo eslabón. Los futuros eslabones en la cadena incluyen el entrenamiento para el liderazgo y ordenación (es decir, dirigiendo su propia célula). La cadena no está completa hasta que el nuevo líder celular también está ubicando, entrenando y liberando líderes nuevos para dirigir sus propios grupos.

En la mayoría de las sendas de capacitación el mentor inicial no hace todo el entrenamiento. Él o ella sólo comienza el proceso y luego pasa el nuevo convertido al siguiente paso. Un pastor, supervisor de zona, o líder G-12 a menudo capacitará al líder potencial. Estos maestros ungidos deben incluir la función del mentor en su capacitación, ofreciendo consejo, patrocinando y construyendo relaciones con el líder potencial.

CAPÍTULO 9

ESTRATEGIAS PARA EL DESARROLLO DE LÍDERES

En la batalla los soldados tienen poco espacio para las grandes teorías. Ellos necesitan armas y comunicaciones que funcionen. Los Marines, por ejemplo, han escogido un dispositivo de comunicaciones de mano basado en su resistencia en la batalla. El general Cummiskey demostró la resistencia de este dispositivo tirándolo en el suelo y pisándolo durante la conferencia COMDEX 1997.[1] Las teorías son grandes para el laboratorio y el aula, pero en el mundo real las personas desean algo que funcione.

Las teorías sobre el liderazgo abundan, pero sólo unos pocos realmente funcionan en la batalla real de la vida. Después de repasar los últimos cincuenta años de teorías sobre el liderazgo, algunos de los descubrimientos hicieron que me sentara y pusiera atención, mientras que otros me parecían nada más que un interesante experimento de laboratorio que fallaría en la prueba de la vida real. Creo que las siguientes estrategias del liderazgo le ayudarán para guiar a otros más eficazmente.

Liderazgo circunstancial

Según el liderazgo circunstancial, el estilo de un líder es dictado por las necesidades de sus seguidores. Dicho de una manera sencilla, no existe un solo estilo de liderazgo que siempre será eficaz; todo depende del nivel de madurez del seguidor. Los líde-

res eficaces evalúan el nivel de madurez del seguidor y luego dirigen según sea el mismo.

Si el seguidor es un creyente muy nuevo, por ejemplo, un líder eficaz le ofrecerá consejos bien detallados sobre cómo proceder en la vida cristiana. Si el seguidor fuera un cristiano maduro, el líder usaría un acercamiento más suave y menos directivo. Según el *liderazgo circunstancial*, la eficacia del líder es determinada por la exactitud con que él o ella evalúa la situación y luego aplica el estilo de liderazgo correcto para satisfacer las necesidades de sus seguidores en esa situación particular.[2]

Este modelo me ha ayudado tremendamente en mi ministerio. He aprendido a analizar a cada uno de mis seguidores y luego dirigir según lo observado. Para los líderes celulares que yo superviso, por ejemplo, debo ajustar mi estilo de liderazgo según la persona que estoy dirigiendo.

Vinicio es una persona con sus ideas propias que dirige su propio negocio. Él y su esposa Patricia desean seguir a Jesús sobre todas las cosas. He pastoreado a Vinicio y a Patricia desde 1992 cuando recién empezaban a dirigir un grupo celular. He aprendido que Vinicio responde mejor a un estilo de liderazgo sin mucha intervención de mi parte. Yo delego mucho en Vinicio, sabiendo que es un seguidor maduro. Yo fallaría miserablemente con Vinicio y Patricia ejerciendo demasiada autoridad o exigiendo que ellos realicen ciertas tareas.

Miguel, otro líder celular que yo superviso, no es una persona con tantas ideas propias. Sus intenciones siempre son dignas, pero no siempre cumple con sus compromisos. Aunque es maduro en lo espiritual, carece de motivación para muchas tareas en la vida. He descubierto que la mejor forma de dirigir a Miguel es ir de frente. Necesito detallar minuciosamente lo que quiero que él haga y luego le superviso para asegurarme que él lleva a cabo su compromiso. Miguel necesita un estilo de liderazgo más directo.

Jesús ejerció un liderazgo circunstancial con Sus doce apóstoles.[3] Al principio Jesús ejercía un mayor control, pero al incrementarse el nivel de madurez de sus seguidores, Él les delegaba mayor autoridad. Finalmente Cristo dejó a la Iglesia en sus manos, considerando que los discípulos eran plenamente capaces de dirigir Su Iglesia. Icenogle escribe: «La investigación empírica de la conducta del grupo pequeño ha afirmado la relación entre el crecimiento del grupo y la madurez y los estilos de liderazgo agresivos. El estilo de liderazgo con muchas directivas al comienzo de su ministerio entre los Doce dio lugar luego a un estilo definitivo donde delegaba todo».[4]

Algunos líderes sienten que tienen que ser en todo momento el líder fuerte, autoritario (por ej., el estilo de liderazgo del *caudillo* latinoamericano). Porque este tipo de líder no se ajusta a su estilo de liderazgo, muchos de los seguidores maduros y muy competentes se retiran de la iglesia. ¿Por qué? Porque ellos no se sienten valorados, respetados ni apreciados. Es como si su opinión no importara. El *liderazgo circunstancial* nos recuerda que si el seguidor es competente y altamente motivado, el líder necesita mostrarle respeto y apoyo, en lugar de dictarle todas sus decisiones.

Otros líderes son demasiado democráticos –hasta se podría decir, tímidos, yendo de un lado a otro con los vientos y las olas–. Estos líderes deben poner atención al desafío del *liderazgo circunstancial* y actuar con un estilo directivo y autoritario cuando la situación así lo requiere.

La llave al éxito es evaluar la situación y ejercer el estilo de liderazgo que la situación demande. Cuando Celyce y yo recién llegamos al campo misionero, fuimos asignados a una pareja misionera que actuaban como nuestros hermanos mayores. Este matrimonio sincero nos sirvió de todo corazón, pero no tuvieron en cuenta nuestros años de experiencia pastoral y entrenamiento misionero antes de venir a Ecuador. Ellos intentaron decirnos qué debíamos hacer en cada paso del camino, igual que a los misioneros anteriores que necesitaban más control. A diferencia de los misioneros anteriores, nosotros anhelábamos un estilo más suelto de liderazgo, uno que respetara nuestros conocimientos y trasfondo.

Los líderes eficaces buscan determinar constantemente qué estilo de liderazgo funciona mejor en cada situación particular. Para los seguidores inmaduros, un líder eficaz establecerá límites de tiempo, pondrá metas específicas, ayudará a organizar la conducta del seguidor, y le dirá a la persona qué hacer y exactamente cómo hacerlo. Si el seguidor es una persona que tiene sus propias ideas, aprende rápidamente y trabaja bien solo, el líder usará un estilo de liderazgo no directivo. El líder se comprometerá más en una comunicación bidireccional, facilitación, escuchando, y proporcionando retroalimentación. La gran cosa sobre el *liderazgo circunstancial* es que no dicta sólo una clase de estilo de liderazgo. Nos enseña que un líder eficaz debe ajustar su estilo según las necesidades del seguidor. La tabla siguiente muestra los diferentes estilos de liderazgo que se pueden usar, teniendo en cuenta la madurez de sus seguidores.

LIDERAZGO CIRCUNSTANCIAL[5]

3 **RELACIÓN ALTA TAREA BAJA** *Comparta las ideas y facilite la toma de decisiones* **PARTICIPANDO**	**RELACIÓN ALTA TAREA ALTA** 2 *Explique las decisiones y provea una oportunidad para la clarificación* **VENDIENDO**
4 **RELACIÓN BAJA TAREA BAJA** *Entregue la responsabilidad de las decisiones y su implementación* **DELEGANDO**	**RELACIÓN BAJA TAREA ALTA** 1 *Proporcione instrucciones específicas y supervise estrechamente su realización* **DICIENDO**

EL PASTOR VERSUS EL RANCHERO

El concepto del Pastor/Ranchero fue acuñado primero por Lyle E. Schaller.[6] Este paradigma tiene muchas similitudes con el modelo Jetro, pero es más fácil de entender; sobre todo para los pastores que están intentando pastorear su congregación solos. El trasfondo es el mundo real de los pastores y los rancheros. La idea está centrada en la manera cómo un pastor cuida una oveja individual mientras que un ranchero cuida de los que están cuidando a las ovejas. El pastor de un solo rebaño de ovejas atiende individualmente a cada oveja del rebaño. Dicho pastor está limitado por su capacidad física para cuidar de las ovejas. El ranchero, por el otro lado, tiene varios pastores bajo su cuidado que tienen la función misma de pastorear el rebaño. Tanto el pastor

como el ranchero cuidan de las ovejas; la diferencia está en que uno hace el cuidado en sí, y el otro administra a los que están realizando el cuidado.

La mayoría de los pastores en América del Norte se comportan como pastores de rebaños individuales. Ellos se sienten responsables de cuidar a todas y a cada una de las personas bajo ellos. El problema es que un solo pastor sólo puede física y espiritualmente cuidar una cierta cantidad de ovejas antes que la tarea se vuelva imposible de manejar. ¿Cuántas personas puede cuidar verdaderamente un pastor individual? Algunos dirían hasta doscientas personas.[7] Carl George, sin embargo, discrepa. Él dice:

> La idea subyacente detrás de estas actitudes es que el pastor o el líder laico experimentado pueden cuidar adecuadamente un grupo de 50-100 personas. En realidad, no es posible. Lo que sucede realmente es una intimidad limitada y una responsabilidad limitada. Con el tiempo, muchas personas se sienten insatisfechas y desilusionadas, y no entienden por qué es tan difícil profundizar en los sentimientos de cuidado y pertenencia.[8]

Aun cuando un pastor individual piensa que puede cuidar una congregación entera, en realidad él o ella no pueden proveer un cuidado adecuado a toda la grey. Si un pastor intenta cuidar él solo a toda la iglesia, los estudios han demostrado que la iglesia probablemente no crecerá más allá de doscientas personas. Pedro Wagner dice: «Pero para poder superar la barrera de las 200 personas y mantener un saludable ritmo de crecimiento, el pastor debe estar dispuesto a pagar un precio demasiado alto para

algunos: él o ella debe estar dispuesto a cambiar de la modalidad de pastor a la modalidad de ranchero».[9]

Para entender mejor el proceso de la transición mejor de pastor a ranchero, es útil examinar las características de ambos. La siguiente tabla nos ayuda a ver las diferencias:[10]

LAS CARACTERÍSTICAS DE UN PASTOR VERSUS UN RANCHERO

PASTOR TRADICIONAL	RANCHERO
✔ Intenta satisfacer todas las necesidades personalmente.	✔ Se concentra en los pequeños grupos para cuidar la iglesia.
✔ Cree que él es responsable de todo.	✔ Es el líder de la iglesia y no tiene miedo de realizar los cambios necesarios.
✔ Participa en todas las reuniones.	✔ Delega con flexibilidad. Se preocupa más por los resultados que por el proceso.
✔ Depende de los cumplidos de otros.	✔ Puede decir NO a las oportunidades del ministerio, si hay otro para hacerlo.
✔ No delega mucho.	✔ Crea roles para que la congregación las cumpla.
✔ Su visión está limitada por lo que él puede hacer.	✔ Quiere que las personas sean libres sin tener que depender de él.
✔ Ve a la congregación como individuos y no como grupos de personas.	✔ Es un administrador excelente. Reserva tiempo para planificar y orar.
✔ No tiene claras metas de iglecrecimiento para la iglesia.	✔ Levanta y entrena los líderes de los grupos pequeños.

Hay varios cambios claves que deben hacerse si un pastor va a hacer la transición para llegar a ser un ranchero. En primer lu-

gar, debe estar dispuesto a pastorear la iglesia por medio de otras personas. Esto involucra confiar en las personas y delegar responsabilidades. Los rancheros de hoy día, o los pastores de las iglesias grandes, deben pastorear su grey por medio de «subpastores».

Un segundo cambio importante es enfocar en el entrenamiento de personas laicas para hacer el trabajo del ministerio. Esto es escritural. Pablo dice en Efesios 4:11, 12: «Y Él mismo constituyó a unos... pastores y maestros, a fin de perfeccionar a los santos para la obra del ministerio, para la edificación del cuerpo de Cristo». Según estos versículos, el papel de un pastor es entrenar a otros para hacer la obra del ministerio. El verdadero ranchero pasará la mayor parte de su tiempo entrenando a otros.[11]

El paradigma del ranchero es particularmente adecuado para el ministerio celular hoy día. La meta del pastor cuya iglesia está basada en células es la de pastorear a los que están pastoreando la iglesia. En la iglesia celular el pastor titular ni siquiera intenta desarrollar relaciones pastorales y cara a cara con los miembros individuales de la congregación. Más bien, él está comprometido con reuniones cara a cara con los que están cuidando la congregación.[12] Por esto no es nada raro oír hablar de iglesias celulares que tienen entre 10.000 y 200.000 personas. En estas iglesias hay un sistema para cuidar a las personas que toca las vidas de una manera personal.

El pastor de la iglesia celular es un verdadero ranchero. Él pasa sus mejores momentos con los líderes que pastorearán la grey. No está tan preocupado con la asistencia como con la disponibilidad de líderes para dirigir los pequeños grupos, sabiendo que la asistencia llegará cuando hayan líderes disponibles. La meta principal para esta clase de pastor es cuántos grupos celulares estarán funcionando en la iglesia. Él sabe que si logra movilizar a los laicos para dirigir los grupos celulares, la grey sentirá el cuidado personal necesario.

EMERGIENDO AL LIDERAZGO

Si usted sabe que Dios ha estado desarrollando su habilidad para el liderazgo durante toda su vida, probablemente seguirá hasta el final del camino. Nadie entiende esto mejor que el Dr. J. Robert Clinton que ha dedicado su vida para estudiar los principios y los modelos de los grandes líderes. Después de estudiar y analizar más de 1300 líderes prominentes, Clinton desarrolló una disciplina que llamó teoría del surgimiento.[13] Esta teoría del surgimiento identifica modelos comunes que Dios usa repetidamente al desarrollar la vida de un líder. Clinton ha desarrollado herramientas útiles para ayudar a los estudiantes a determinar su propio surgimiento al liderazgo. Los líderes que están surgiendo normalmente atraviesan cinco etapas:

- *Fundamentos soberanos:* En esta fase, Dios está trabajando en la personalidad del líder para hacer del líder la persona que Dios quiere que él o ella sea.

- *Crecimiento de la vida interior:* Normalmente, en esta etapa, el líder recibe su entrenamiento. Los que sienten un llamado especial al ministerio asisten a menudo a una escuela bíblica, recibirán enseñanza teológica por extensión, o alguna otra forma de entrenamiento especializado.

- *Madurando en el ministerio:* En esta etapa el líder obtiene la experiencia en el ministerio que necesita. Esto es a menudo más casual que intencional. Como en las primeras dos etapas, Dios está más interesado en el desarrollo del líder.

- *Madurando en la vida:* En esta etapa, el líder identifica su combinación de dones espirituales y talentos y los usa con poder. Éste es un periodo en el que sus capacidades surgen junto con sus prioridades.

- *Convergencia:* En esta etapa, todo fluye junto: la combinación de los dones espirituales y talentos, situación, experiencia, y el temperamento. Clinton dice: «No muchos líderes experimentan la convergencia. A menudo ellos son promovidos a roles que impiden su combinación de dones espirituales y talentos».[14] Luego sigue diciendo: «Los líderes tienen una tendencia a dejar de desarrollarse en cuanto tienen algunas habilidades y experiencia en el ministerio. Posiblemente están satisfechos de seguir su ministerio tal como están, sin discernir la necesidad de seguir desarrollándose».[15]

Uno de los conceptos claves en la teoría de la emergencia de Clinton es cómo Dios usa las pruebas para moldearnos y formarnos. Todos los líderes pueden señalar ciertos incidentes críticos (es decir, acontecimientos que pueden implicar cambios profundos, momentos decisivos, etc.), cuando Dios les enseñó algo muy importante. Al completar exitosamente la tarea del ministerio, generalmente se le da al líder una tarea mayor. Algunas de estas actividades formativas incluyen:

- *Prueba de obediencia*: Dios probará a menudo a un líder en el área de la obediencia. ¿Escuchará el líder la voz de Dios y obedecerá? Un líder que repetidamente demuestra que Dios le habla adquiere autoridad espiritual y respeto de sus seguidores. Habiendo aprendido a discernir el liderazgo de Dios para su propia vida en numerosas decisiones cruciales, puede cambiar entonces a la función de liderazgo de determinar la guía para el grupo que él dirige.

- *Prueba de sumisión*: Un líder en vías de desarrollo normalmente luchará con alguien que está en autoridad sobre él. Aprender la sumisión es crítico para aprender qué es la autoridad, así que los líderes que están surgiendo deben aprender primero a someterse. Clinton dice: «Algo importante a tener en cuenta es que la asignación final es de Dios, aun cuando la tarea del ministerio sea iniciada por uno mismo o sea asignada por otro».[16]

El desarrollo de un líder es en primer lugar y ante todo un empeño dado por Dios. Dios está preparando a los futuros líderes, poniendo actividades formativas divinas y situaciones en su camino. Al entender esta perspectiva nos recuerda que Dios está más interesado en nuestro desarrollo como líderes que nosotros. Nos ayuda a ver las diversas circunstancias en nuestras vidas como viniendo de Su mano soberana.

Debemos ser fieles en las cosas pequeñas para esperar cosas mayores. Un líder celular en primer lugar debe ser fiel dirigiendo un grupo celular antes de esperar un desafío mayor. Recuerdo una líder en nuestra iglesia que decía tener un llamado misionero a los musulmanes no alcanzados en el norte de África.

Le pedimos que dirigiera un grupo celular. Al principio ella dirigió el grupo con gran entusiasmo, pero a los pocos meses se sintió muy desanimada cuando no veía aumentar la asistencia y no había una cosecha de almas. Ella empezó a quejarse constantemente y amenazó con cerrar el grupo a menos que le proporcionáramos más personas. Finalmente ella cerró su célula. Durante mi charla definitiva con ella desafié seriamente su profesión misionera. Le dije que el trabajo misionero en el norte de África le exigiría más iniciativa personal, perseverancia, y dependencia en Dios a través de tiempos difíciles.

Inclusive algunas iglesias celulares les piden a sus futuros misioneros que en primer lugar sean pastores celulares (líder de líderes) antes de ir a ultramar. Esta es una medida inteligente. En la iglesia celular, primero un líder debe dirigir un grupo con éxito, debe multiplicarlo, y luego con éxito debe supervisar a los nuevos líderes antes de solicitar una posición pastoral de mayor nivel. Las iglesias que engañan eliminando este proceso segarán sus propios frutos. Viendo nuestras vidas desde la perspectiva del Dios soberano es una verdad liberadora que tiene una aplicación directa sobre el liderazgo en la iglesia celular.

APLÍQUELO A SU SITUACIÓN

Yo estaba bastante satisfecho al leer en una revista importante de computación que el programa antivirus que yo estaba usando había aislado y detectado todos los virus que le habían dado. Detectar y aislar los virus es mucho más que una teoría para mí ahora. En el último año, accidentalmente he abierto aproximadamente siete archivos infectados. En cada oportunidad el programa antivirus saltó a la vida y me ahorró de sufrir una pena incalculable.

Todas las estrategias de liderazgo anteriores han obrado maravillas para mí cuando más los precisé, al igual que mi programa antivirus. Han hecho incursiones poderosas en mi propia vida y ministerio durante años. Yo se los recomiendo, mientras usted se concentra en el desarrollo y surgimiento de líderes en su propia situación. Espero que estas estrategias le proporcionarán los mismos resultados excitantes en su ministerio.

CAPÍTULO 10

GUÍA PARA EL ENTRENAMIENTO DE LOS LÍDERES CELULARES PARA RECOGER LA COSECHA

El plan de Dios: «Moisés, quiero que tú saques y conduzcas a mi pueblo fuera de Egipto». Excusa Nº 1: «No, Dios, ellos no me escucharán».

El estímulo de Dios: «Moisés, yo realizaré milagros para ayudarles a escuchar. Es más, te mostraré ahora mismo esos milagros».

Excusa Nº 2: «Dios, yo no puedo hablar muy bien. Me siento incompetente».

La respuesta de Dios: «Yo te ayudaré a hablar y te enseñaré lo que debes decir» (Éx. 4:12).

Como la mayoría de nosotros, Moisés encontró razones para excusarse de tomar el liderazgo. Ninguno de nosotros está exento de las inquietudes profundamente arraigadas en cuanto a la eficacia de nuestro liderazgo. La mayoría de los líderes en la Biblia se sintieron incompetentes y sin preparación en el momento de ser llamados. A Moisés, Isaías, y al apóstol Juan les sobrevino un sentimiento de su incompetencia cuando se encontraron con Dios. Aun después de su llamado inicial, la mayoría de los líderes encontrará alguna debilidad para excusarse. Gracias a Dios, Él ve más allá de nuestra propia incompetencia e incluso la usa para fortalecernos en el ministerio.

Las palabras de estímulo al líder potencial mejorarán la situación pero no la corregirán. Cuando usted se acerca a los probables líderes, descubrirá que ellos se sienten ineptos con respecto a sus capacidades para el liderazgo y a la cantidad de entrenamiento que han recibido. Por lo tanto el primer paso al reclutar a los líderes potenciales de los pequeños grupos es asegurarles que recibirán todo el entrenamiento que sea necesario. El entrenamiento para el liderazgo es la manera más segura para ayudar a que sus nuevos líderes ganen confianza.

En la iglesia celular, el entrenamiento para el liderazgo es esencial. Sin él no es posible mantener un buen crecimiento cualitativo. Las iglesias celulares que pueden levantar líderes rápida y eficazmente mantienen tanto el nivel cuantitativo como el cualitativo.

ENTRENANDO PARA UN PROPÓSITO ESPECÍFICO

La educación es un proceso que dura toda la vida. El entrenamiento, por el otro lado, toca ciertas habilidades específicas y duran un tiempo limitado. Neil F. McBride, Ed.D., Ph.D., hace una aclaración muy útil:

> La educación es una actividad que se expande; empezando donde una persona está, provee conceptos e información para desarrollar mayores perspectivas y los fundamentos para realizar futuros análisis y decisiones. Por otro lado, entrenar es una actividad que produce estrechamiento; dadas las presentes habilidades de una persona, intenta proporcionar una destreza específica y el entendimiento necesario para aplicar esas habilidades. El enfoque está en lograr una tarea o un trabajo específico.[1]

La visión de McBride de que el entrenamiento es una *actividad que produce estrechamiento* en oposición a la educación como un *proceso que dura toda la vida* llega al meollo del entrenamiento del liderazgo celular. Entender el propósito específico del entrenamiento le ayudará a enfocar en el entrenamiento de los líderes celulares potenciales sin ignorar la educación general en la tarea que los líderes necesitan a lo largo del tiempo.

Todos se entrenan para llegar a ser líderes celulares

Cuando una iglesia llega a la conclusión de que todos los miembros de la célula son líderes celulares potenciales, el paso lógico es entrenar a todas las personas para que finalmente puedan dirigir un grupo celular. La Misión Carismática Internacional declara que la meta de la iglesia es que todos los miembros dirijan en la libertad de Cristo, no sólo que se sienten a mirar mientras otros hacen el ministerio. En cuanto un recién convertido comienza a asistir a MCI, él o ella es puesto en el camino de entrenamiento que termina en el liderazgo de una célula. Estar involucrado en MCI significa entrar en la senda de capacitación. Neighbour escribe: «Las iglesias celulares deben tomar en serio la necesidad de capacitar a cada miembro que entra en la célula. Los miembros de la célula se estancarán si sólo son invitados a asistir a las células, sin una clara capacitación para el servicio».[2]

Aprendiendo mientras trabaja

«¿Cómo aprenden mejor los adultos?» La mayoría de nosotros estaríamos de acuerdo que aprendemos mejor cuando la educación es personalmente significativa; cuando el aprendizaje

involucra la verdad que se aplica inmediatamente a la vida. Por ejemplo, si poseo una computadora personal y he luchado con el procesador de textos, un curso en informática personal despertará mi apetito y satisfará una necesidad inmediata en mi vida.

A este tipo de aprendizaje junto con la práctica se le llama el método de aprendizaje que resuelve los problemas. Intenta aplicar el conocimiento a las áreas de necesidad inmediata. La secuencia para este método es: asignar, hacer y enseñar. En primer lugar, hay una tarea que requiere que yo me involucre (butear la computadora, abrir un documento, escribir una carta, guardarla y apagar la computadora). Después, yo recibo la retroalimentación, nuevos conocimientos, y otra tarea. La experiencia demuestra que los adultos aprenden mejor si se puede conseguir que primero ellos se involucren en una tarea.

La Armada norteamericana sigue este procedimiento de «asignar una tarea, hacer, enseñar» (otro nombre para el método «resolución de los problemas»). Al aprender a nadar, por ejemplo, todos son lanzados fuera del barco y reciben instrucciones específicas: vaya a la costa. Los que no pueden lograrlo son enrolados en un curso de natación. A la semana siguiente se repite el mismo proceso hasta que todos pasan.[3]

La secuencia educacional, por otro lado, es: enseñar, asignar, y hacer. Los estudiantes aprenden mucha información que aplicarán algún día en el futuro. De nuevo, éste es un proceso que dura toda la vida porque hay tanto que necesitamos aprender. El aprendizaje, de hecho, nunca termina.

Muchas iglesias, sin quererlo, siguen la secuencia educacional de entrenamiento. ¿Por qué? Porque nuestro ciclo educacional de toda la vida sigue este modelo. En forma natural aplicamos las técnicas que aprendimos en la escuela, al entrenamiento del liderazgo cristiano.

Las iglesias celulares eficaces siguen el método de aprendizaje asignar, hacer y enseñar. Los líderes potenciales tienen la oportunidad de servir mientras reciben el entrenamiento. Mientras avanzan y toman pasos prácticos para dirigir partes de la célula, el aprendiz desarrolla un apetito por aprender más. Este proceso continúa hasta que el aprendiz esté realmente dirigiendo un grupo celular. Muchas iglesias celulares continúan el proceso todo el camino hasta el ministerio de tiempo completo.

Por ejemplo, yo le permití a Pablo dirigir algunas partes de mi célula del jueves a la noche hasta que finalmente él estaba compartiendo la Palabra o dirigiendo el tiempo de edificación incluso. Yo me propuse hablar con él después de la lección. Principalmente volqué sobre él mis felicitaciones, pero también intercalé sugerencias específicas para mejorar su liderazgo. Mientras Pablo estaba prácticamente involucrado en el liderazgo de la célula, él también estaba recibiendo entrenamiento en la senda de capacitación. Finalmente Pablo empezó su propio grupo celular y al mismo tiempo mantenía su contacto conmigo. Jesús usaba este método con sus discípulos. Él pasó mucho tiempo con ellos, y ellos desarrollaron confianza en su propio ministerio aprendiendo y haciendo su ministerio con Jesús. Después los discípulos sabían cómo comportarse ante sus perseguidores. Pedro podía decir: «Porque no podemos dejar de decir lo que hemos visto y oído» (Hch. 4:20). Carl George dice: «Muchos Cristianos han aceptado una idea completamente estúpida: que a una persona se le puede enseñar el liderazgo con disertaciones. Las conductas del liderazgo, por definición, requieren seguidores. La formación de líderes no puede ocurrir sin un entrenamiento práctico por alguien ante quien el aprendiz de líder está dispuesto a ser responsable. Los discursos sobre los rasgos del líder nunca producirán la cosecha que Dios quiere conceder».[4]

El modelo de Jesús se puede dividir en cuatro pasos sencillos:

- Yo hago - usted observa
- Yo hago - usted ayuda
- Usted hace - yo ayudo
- Usted hace - yo observo

Si usted es el líder de la célula madre, permita que su aprendiz le observe y luego explíquele lo que hizo y por qué lo hizo. Luego, observe al aprendiz cuando él o ella hacen lo mismo y objetivamente explíquele las fuerzas y debilidades que usted ha observado. Luego usted debe proporcionar una actividad terapéutica para fortalecer las debilidades. Cada vez más usted debe entregar las tareas al aprendiz, mientras usted se retira, usando «negligencia benigna» como estrategia. Usted debe seguir siendo un amigo íntimo, mientras trata al aprendiz como su igual.

Enfoque de un entrenamiento claro

He descubierto que los mejores cursos de entrenamiento para el liderazgo tienen un comienzo y un final definido. En otras palabras, hay un lugar para empezar y un lugar para terminar. Los líderes potenciales se gradúan y empiezan a dirigir. Lo confuso es quitado. Pero también descubrí que muchos programas de entrenamiento tradicionales carecen de una meta. El objetivo, aunque no declarado, es el de darles la información a las personas con la esperanza de que después ellos harán algo con ese conocimiento; por ejemplo, decidir por ellos mismos de dirigir un grupo. Pablo Benjamín, criticando la Escuela Dominical norteamericana, escribe: «... ésta es una escuela de la cual nadie se gradúa».[5]

Un entrenamiento es desorganizado cuando la iglesia establece un único programa educativo general y espera que todos los miembros y los líderes potenciales lo sigan. Aunque las intenciones son excelentes, demasiadas personas se quedan por el camino. No hay una manera fácil de rastrear el progreso de los que siguen este tipo de sistema. De este modo, pocos saben quién ha sido entrenado, qué tipo de entrenamiento ha tenido lugar, y quiénes serán los futuros líderes de la célula. Como resultado de lo confuso, muchos candidatos quedan afuera. Perderse en la maquinaria educativa es una falla recurrente en el modelo de la «educación general» para el entrenamiento para el liderazgo.

Las iglesias celulares más eficaces diseñan su entrenamiento con un comienzo y un final definido. La meta es de preparar al nuevo convertido para que llegue a ser un líder celular. Cuando llega a esa etapa de un líder de célula, hay un entrenamiento del nivel de graduación para esa persona.

El entrenamiento mismo se relaciona con la estructura de la célula. No es un departamento separado con una administración diferente. El sistema de entrenamiento y el ministerio celular «caben como un guante a la mano». Son uno. En muchas iglesias celulares el entrenamiento empieza en la célula (mentor–discípulo) porque todos en la iglesia participan en un grupo celular. En otras iglesias celulares, aunque todos los nuevos convertidos son conectados inmediatamente con una célula, la mayor parte del entrenamiento celular ocurre dentro de la iglesia bajo los departamentos de las zonas, u homogéneas (por ej., la Misión Carismática Internacional).

LIMITE LOS REQUISITOS

Jesús y los apóstoles pasaron por alto el seminario. Ellos no reunían los requisitos educacionales y eclesiásticos que les habría permitido ser sacerdotes dentro del Judaísmo. El movimiento cristiano primitivo explotó y se desarrolló sin tener en cuenta ningún sacerdocio especializado.[6]

Muchas iglesias amontonan años de educación cristiana antes de que una persona pueda dirigir un grupo pequeño, suponiendo que esta es la única manera de entrenar a los líderes. Estas iglesias pierden a menudo el celo inicial del liderazgo de un joven cristiano por un interminable laberinto de requisitos. Dichas iglesias apagan el fuego de las personas dándoles un sinfín de entrenamiento con extensos e interminables cursos antes de que ellos consigan ministrar realmente.

Quizá su iglesia no sea tan exigente, pero tendrá que admitir que es sumamente fácil de agregar requisito tras requisito, curso tras curso, y compromiso de tiempo tras compromiso de tiempo para el entrenamiento para el liderazgo. Cuando recién empezamos a planificar nuestra senda de capacitación, algunos miembros del equipo pastoral querían incluir toda clase de cursos (por ej., varios cursos de teología, cursos de evangelización, guerra espiritual, etc.). Semejante senda de capacitación parecía impresionante en el papel, pero no era realizable. Nos dimos cuenta de que nuestra gente se perdería en el laberinto y muy pocos llegarían a completarla.

Yo creo en el entrenamiento bíblico al igual que en la educación en general. Pero también sé que las personas aprenden mejor cuando están involucradas. Si usted les obliga a esperar demasiado tiempo antes de dirigir un grupo celular debido a una interminable cantidad de requisitos, la experiencia de aprendizaje disminuirá.

La palabra clave aquí es el equilibrio. Demasiado entrenamiento puede frustrar a los voluntarios ocupados mientras que demasiado poco entrenamiento hará que la gente se sienta aislada, sin preparación, y probablemente abandonen en la primera oportunidad posible.

Hágalo factible

Uno de los factores más importantes es si el entrenamiento para el liderazgo es realizable o no. La posibilidad de su realización debe guiar el desarrollo del liderazgo celular. ¿Los líderes de célula potenciales se graduarán realmente del programa? ¿Sabe usted cuándo se graduarán? ¿Cuántos? ¿Los requisitos son demasiado rígidos? ¿Hay demasiadas pocas opciones? Si hay sólo una noche disponible para el entrenamiento, por ejemplo, espere menores resultados.

La viabilidad también se aplica a la ejecución del plan de entrenamiento. Algunas de las iglesias celulares investigadas administraban el mismo programa educacional para los líderes celulares y para los miembros de la iglesia. Estas iglesias ponían a todos juntos, esperando que al final surgirían los líderes celulares. Las iglesias celulares eficaces, por otra parte, preparaban una senda de entrenamiento especializado para los líderes celulares y se esmeraban en llevar al líder potencial del punto A al punto B. En estas iglesias había un suministro constante de líderes celulares disponibles.

Recuerdo las condiciones primitivas del programa de entrenamiento en la Iglesia El Batán donde yo asistía al principio. Nuestro programa de entrenamiento para los pequeños grupos celulares estaba intercalado con el ministerio educacional general de la iglesia. En cierta ocasión el equipo pastoral pasó el día entero poniendo en un cuadro el proceso educacional para todos los miembros de nuestra iglesia. Decidimos que los líderes potenciales –de la clase de ministerio que fuere– tenían que seguir alrededor de cuatro niveles de nuestra Academia Bíblica (un nombre sofisticado para la Escuela Dominical para adultos).

Todo parecía inmaculado en el papel. Teóricamente habíamos resuelto nuestros problemas. Nuestro orgulloso sistema fracasó porque no era realizable, o «rastreable». Lo dejamos morir, solo.

A través de las experiencias como la que acabo de describir, he aprendido que su capacidad de realización está en el centro del entrenamiento del liderazgo celular. Las iglesias celulares exitosas no saben nada de falta de claridad y confusión en el entrenamiento de los líderes. La senda es clara, y muchos han abordado el tren. No hay nada de confusión u oscuro con respecto a sus modelos de entrenamiento para el liderazgo. Las mejores sendas de entrenamiento incluyen:

- ✓ Un comienzo claro y definido
- ✓ Un conocimiento claro de adónde ir
- ✓ Una idea clara de la victoria (dirigiendo un grupo celular).

Esto es muy diferente del modelo tradicional en el que todos son canalizados a través de un único sistema educacional general, sin una idea clara de adónde van. El sistema de educación general fracasa en no entrenar a toda la iglesia, y los que más necesitan entrenamiento rara vez vienen. De nuevo, porque no hay claridad en lo que debe hacerse con las personas no ordenadas después del entrenamiento, la meta simplemente llega a ser más un entrenamiento con poca aplicación práctica.

ENTRENE DELEGANDO

Como misionero en América Latina, me he dado de puntapiés varias veces por no desarrollar el liderazgo nacional más pronto. Después de todo, nadie podía dirigir el ministerio celular igual que yo. Así que esperaba para entregar mi ministerio a otros. Cuando miro atrás, comprendo mi error. Felizmente, tuve otra oportunidad para volver a la misma iglesia y empezar el ministerio celular desde el comienzo; esta vez los nacionales estaban a cargo.

Entregar el grupo con éxito al nuevo líder es un arte. Es más que eso, es una estrategia planificada. Algunos llaman a esta estrategia «negligencia benigna». Randall Neighbour escribe: «Involucre cada vez más a su líder celular en el entrenamiento, y no más tarde del sexto mes del ciclo, anuncie a la célula que usted estará haciéndose a un lado. Déle a él o a ella la responsabilidad de la mitad de las personas en la célula desde el principio del ciclo (¡la mitad más fuerte, por supuesto!)»[7] Si usted entiende este punto importante, estará bien en camino al éxito en el ministerio celular.

Los líderes celulares deben mantener sus ojos abiertos por los que finalmente tomarán el timón y pasarán la mayor parte de su tiempo con ellos. Ellos son el futuro del grupo celular. Asegúrese de que usted les está dando oportunidades para dirigir.

No sea como Moisés que intentó hacer todo él mismo. Moisés no delegó rápidamente sus responsabilidades y terminó con más de un millón de personas reclamando su atención. Por no entrenar a otros, su suegro Jetro le reprochó suavemente: «No está bien lo que haces. Desfallecerás del todo, tú y este pueblo que está contigo, porque el trabajo es demasiado pesado para ti y no podrás hacerlo tú solo» (Éx. 18:17-18). Las buenas noticias son que Moisés escuchó a su suegro y nombró líderes a todo nivel.

Dios le enseñó a Moisés a desarrollar una nueva generación de líderes y confiar en los que estaban bajo él. La palabra que describe lo que Jetro le dijo a Moisés que hiciera es descentralizar, una palabra elegante para el ministerio compartido. Esto significa dejar de intentar hacerlo todo uno mismo y hacer que el ministerio esté con la gente, donde pertenece».

La tendencia sutil para cada uno de nosotros en el ministerio celular es de hacer las cosas uno mismo. A veces es más fácil, más eficaz, y un ahorro de tiempo. Pero Jesús encontró tiempo para pasar con Sus discípulos. El entrenamiento de los doce era su principal prioridad. Si el líder de la célula hace todo él mismo, los demás en el grupo celular se perderán la oportunidad de ejercitar sus dones espirituales, sirviendo, y aprendiendo nuevas responsabilidades.

DESARROLLE UN EQUIPO

Miguel Jordan es probablemente el más grande jugador de baloncesto que caminó sobre la tierra. A Jordan le agrada competir en todo lo que hace, pero más importante todavía, le gusta ganar. Temprano en su carrera Jordan confió mucho en sus propios talentos y esfuerzos personales para ganar en los juegos. Sin embargo, al ir madurando se concentró en dirigir un equipo de ganadores. Tuvo éxito y los Chicago Bulls ganaron el campeonato nacional año tras año.

El liderazgo del equipo en el contexto de un grupo ha jugado un papel importante a lo largo de la Biblia. Nunca fue la voluntad primaria de Dios nombrar un rey para gobernar sobre Su pueblo Israel. Él anhelaba un liderazgo compartido entre los profetas, jueces y ancianos. El pueblo, sin embargo, clamó pidiendo un rey (1 S. 8:4-9).

Los miembros de la célula a menudo claman pidiendo un rey. Ellos quieren una persona que gobierne. Es el trabajo del líder de la célula, sin embargo, hacer recordar suavemente al grupo que todos somos líderes potenciales y que todos debemos participar activamente.

La mejor manera para hacer esto es que los líderes celulares les pidan a los miembros fieles que participen en el liderazgo del equipo. Los miembros celulares (líderes potenciales) aprenden mejor cuando el ministerio celular se planifica para ellos en un grupo, y los líderes del equipo proporcionan ese modelado. Cuando un futuro líder puede participar primero en un equipo, él o ella rompe la barrera del temor y está más dispuesto a asumir futuras responsabilidades para el grupo.

Cuando un equipo, en lugar de un individuo, dirige un grupo celular, una persona no domina toda la reunión. Dios da capacidades para el ministerio a las personas de varias maneras y el ministerio en equipo nos ayuda a recordar que nadie está completo en sí mismo. Un miembro del equipo planifica el rompehielos, otro dirige la adoración, otro se encarga de la lección, y todavía otro dirige el tiempo de oración. Cuán refrescante es recibir el ministerio de una amplia variedad de personas y dones.

Lamentablemente, muchos líderes prefieren hacerlo todo ellos. Este problema podría provenir de su inseguridad, falta de tiempo o sólo ignorancia, lisa y llanamente. Los líderes fallan a menudo por no trabajar con y a través de otros para lograr metas en un espíritu de colaboración.

Una iglesia celular que visité ni siquiera multiplicará una célula «sin equipo». Todo el entrenamiento para el liderazgo ocurre en el equipo. El equipo de liderazgo en esta iglesia es el semillero donde se desarrollan y surgen los nuevos líderes. Desde el equipo, los nuevos líderes (misioneros) toman su responsabilidad por el nuevo grupo.

Bill Donahue de la Iglesia Comunidad Willow Creek cree en el entrenamiento de los nuevos líderes en el marco de un equipo por medio de los «Grupos Turbo» que está comprendido principalmente por aprendices. Duran aproximadamente seis meses, después del cual cada aprendiz da nacimiento a un grupo.[8] La belleza de los Grupos Turbo es que los líderes potenciales experimentan la vida del pequeño grupo mientras reciben entrenamiento en el lugar de trabajo en el mismo grupo. El pastor Doug Banister, de la Iglesia Libre Compañerismo Evangélico (Fellowship Evangelical Free Church), oyó hablar de la idea de crear un grupo turbo en el que podrían entrenarse juntos varios potenciales líderes laicos. Él pronto reunió a doce líderes potenciales que estaban de acuerdo en reunirse con él durante tres meses en un grupo celular simulado. Ocho de los doce siguieron hasta empezar grupos pequeños.[9]

Algunas iglesias celulares ven a todos los miembros de la célula como un líder celular potencial (cada grupo celular es un grupo turbo). Teniendo esto en mente, el líder de la célula madre involucra activamente a cada miembro de la célula en la vida de la célula, sabiendo que finalmente estará dirigiendo un grupo celular. Cuando el nuevo líder de la célula lanza una célula, el líder de la célula madre continúa discipulando el nuevo líder celular.

CUÍDESE DE LOS TÍTULOS

Un título no hace un líder –un líder hace un líder–. Stanley Huffty dijo: «No es la posición que hace al líder; es el líder que hace la posición». El efecto negativo de poner títulos en los miembros de la célula, y nunca permitirles realmente dirigir, está bien documentado. Si usted le ha dado el título de aprendiz a su líder potencial, asegúrese que él o ella sea un aprendiz en forma acti-

va. Margaret Thatcher, la ex Primer Ministro dijo en cierta oportunidad: «Estar en el poder es como ser una señora. Si usted tiene que decirles a las personas que usted está, usted no está».

Los títulos tienen el poder para motivar a un líder celular potencial en la acción o dejarles permanentemente a un costado. Glen Martin y Gary McIntosh señalan lo siguiente:

> Algunos ministerios de grupo pequeños usan el término co-líder o ayudante de líder pero esto tiene un impacto negativo a la larga en la multiplicación y crecimiento del ministerio. El problema está asociado con la implicación que una persona puede ser para siempre un co-líder o ayudante del líder... Mientras algunos pueden pensar que la terminología no importa, si usted toma en serio la multiplicación de los grupos pequeños en el futuro, lo mejor es usar el término «aprendiz».[10]

Martin y McIntosh prefieren usar el término «aprendiz» para describir al líder celular en vías de desarrollo. Muchos usan la palabra «internado», pero incluso esta palabra que se usa comúnmente puede sugerir una relación a largo plazo. ¿Por qué no llamar a esa persona un líder celular? Estoy de acuerdo con las palabras de Randall Neighbour:

> ¡Si su pastor o supervisor usa exclusivamente el término «aprendiz», sus líderes nuevos empiezan a creer que esta condición es una posición a largo plazo en sí mismo! La visión de su iglesia es hacer surgir líderes, no un manojo de pequeños que piensan que deben observar en lugar de hacer. Llámelos «líderes celulares» y llegarán a ser líderes

celulares. Llámelos «aprendices» y seguirán siendo calentadores de bancos.[11]

Estoy de acuerdo con el consejo de Randall. Personalmente yo no uso títulos tales como auxiliar (ayudante) o interno (asistente) para los líderes celulares potenciales. Más bien, les digo a todos los miembros en mi célula que cada uno de ellos finalmente estará dirigiendo un grupo celular. Algunos estarán más cerca de dirigir realmente una célula que otros, dependiendo de dónde él o ella están en el proceso de capacitación.

Es verdad que no todos están preparados para ir tan alto y decirles a todos que son líderes celulares potenciales. Por lo menos, todos los miembros deben ser animados a formar parte del equipo de liderazgo. Los miembros deben saber que el líder de la célula no es el único líder en el grupo celular. El ministerio en equipo significa que otros están en camino y pronto podrían estar reemplazando al líder de la célula.

LIBERE FACILITADORES EN OPOSICIÓN A LOS MAESTROS DE LA BIBLIA

Abundan muchos conceptos erróneos sobre el liderazgo celular. Todavía prevalece la idea de que los grupos celulares y los estudios bíblicos son la misma cosa. Para muchos, por consiguiente, los líderes celulares son maestros de la Biblia. Quizás en una era pasada esto era verdad, pero no hoy. Los líderes celulares son capacitadores. Ellos necesariamente no tienen el don de maestro, profeta, o evangelista. Pocos líderes, realmente, están calificados para enseñar. Los facilitadores comparten sus vidas con transparencia con los que están en sus grupos, siempre orando que Cristo sea formado de una manera nueva en cada vida.

Quizás habría mejor disposición de liberar líderes si recordáramos el papel de facilitador del líder celular. La descripción del trabajo de un facilitador se concentra más en guiar el proceso de la comunicación, orando por los miembros de la célula, llamándolos por teléfono, visitando y alcanzando a los perdidos para Cristo. Los facilitadores son personas entrenadas que guían las discusiones, animan a otros, y crecen con el resto del grupo. Las palabras de Bárbara Fleischer captan con claridad el papel del facilitador:

> La palabra «líder» en nuestro uso común a menudo implica a una persona que está separada de un grupo y lo dirige. Un «facilitador», por otra parte, es un siervo del grupo, una persona que está allí para ayudar al grupo a lograr su propósito... El facilitador, igualmente, es un co-participante con otros en el grupo, compartiendo reflexiones personales y experiencias y modelando lo que significa la membresía en el grupo. Más que estar sobre el grupo, el facilitador anima a cada miembro a compartir en la responsabilidad de mantener una vida de grupo saludable y capaz de crecimiento.[12]

LA DIFERENCIA ENTRE ENSEÑAR Y FACILITAR[13]

ENSEÑAR	FACILITAR
• Proporciona Información	• Proporciona una Experiencia
• Comunicación en «Abanico», desde y hacia el maestro y los estudiantes	• Comunicación en «Círculo», a menudo sólo observado por el Facilitador
• Resalta las conclusiones lógicas	• Las conclusiones se descubren
• Examina en forma escrita u oral la información memorizada	• Retroalimentación – cambio observado en los valores de los discípulos

Porque el ministerio celular se concentra en el surgimiento de facilitadores en oposición a los maestros de la Biblia, yo no creo que sea esencial que a un líder potencial se le exija conocer cantidades grandes de la doctrina bíblica, que sea un maestro dotado, o incluso un líder reconocido en la iglesia para dirigir un grupo celular. Si una persona ha demostrado su amor por Jesucristo y si esa persona está caminando en santidad, el liderazgo de una célula es una clara posibilidad.

Técnicas para el entrenamiento

El discipulado personal desde adentro es muy importante en la iglesia celular. Pero no es la única técnica de entrenamiento. Algunas iglesias celulares utilizan el entrenamiento en el aula, retiros y educación por extensión. Tome en cuenta las distintas técnicas de entrenamiento para el liderazgo:[14]

- Uno en uno – entrenamiento personalizado en el que el líder se reúne individualmente con los líderes potenciales
- El aula – múltiples sesiones en salones de clase
- Grupo Piloto (modelo) – para entrenar un grupo de liderazgo inicial. Cada miembro, llegado el momento, empezará su propio grupo
- Retiro – de uno a tres días en los que se brinda un seminario intensivo (generalmente en un lugar que no sea la iglesia)
- Aprendiz de líder – futuro líder aprende mientras asiste al grupo
- Tutorial auto-didáctico – futuro líder aprende siguiendo su propio ritmo

- Entrenamiento profesional – Seminario de pequeños grupos o con consultor de pequeños grupos

Sea flexible con respecto a las técnicas y metodología. La «manera correcta» es la que entrena numerosos líderes de calidad. Recuerde que no debe ser un proceso complicado. El secreto, de hecho, es guardarlo tan simple y realizable como sea posible. Evite el peligro de reunir interminables requisitos de liderazgo; a menudo con el propósito de aliviar su propia conciencia.

Ubicación del entrenamiento

¿Dónde deben darse los entrenamientos? ¿En una aula? ¿En una casa? ¿En el santuario? Algunos creen que todo el liderazgo de la célula debe ocurrir exclusivamente en la reunión del grupo celular en oposición al aula.[15] Y de verdad, el grupo celular no se utiliza suficientemente en la iglesia celular hoy día. El Centro de Oración Mundial Betania, la Misión Carismática Internacional, y la Iglesia Bautista Comunidad de Fe utilizan el aula para entrenar a sus líderes potenciales.[16] He visto el entrenamiento de las iglesias celulares que tienen lugar en parques, en las calles, o en casas; en cualquier parte disponible.

En la Iglesia de la República donde yo ministraba, usábamos este cliché para nuestra senda de entrenamiento: Una senda de entrenamiento; muchos métodos para enseñarla. Todos los que entran en nuestra iglesia deben pasar por la misma huella de capacitación, pero ésta puede ser enseñada uno por uno, después de la reunión celular normal, o en un aula el domingo por la mañana u otra noche durante la semana. El pastor de cada red de células mantiene la calidad de control e informa al equipo pastoral.

Mi consejo es proporcionar muchas opciones para utilizar su *única* senda de capacitación. Déle a los que están enseñando su senda de capacitación la libertad de usar tanto la célula como el aula para entrenar a los futuros líderes.

USE LOS RETIROS CON EL ENTRENAMIENTO PARA EL LIDERAZGO

Entrenar en un marco de retiros es la más reciente ola de entrenamiento celular. La Misión Carismática Internacional y la Iglesia Bautista Comunidad de Fe comenzaron a entrenar por medio de retiros independientemente el uno del otro, pero ahora comparten sus ideas. Cuando Ralph Neighbour, hijo, y yo visitamos un retiro espiritual en MCI, comprendimos cuán parecidos eran con los retiros en la IBCF. El Centro de Oración Mundial Betania ha agregado dos retiros ahora a su entrenamiento y otros están haciendo lo mismo. ¿Qué hace que el marco de los retiros sea tan atractivo? He notado tres razones por lo menos:

- ✔ Los retiros proporcionan una atmósfera espiritual poderosa que conduce a la formación de nuevos líderes y al discipulado de los nuevos convertidos.
- ✔ Los retiros ahorran tiempo.
- ✔ Es más fácil para los aprendices comprometerse con un período de tiempo concentrado.
- ✔ Es más fácil para los entrenadores enseñar en un período concentrado de tiempo, en lugar de hacerlo en un período de tiempo mayor.[17]
- ✔ Proporciona un entrenamiento para el liderazgo celular realizable dentro del contexto del sistema de la iglesia celular.

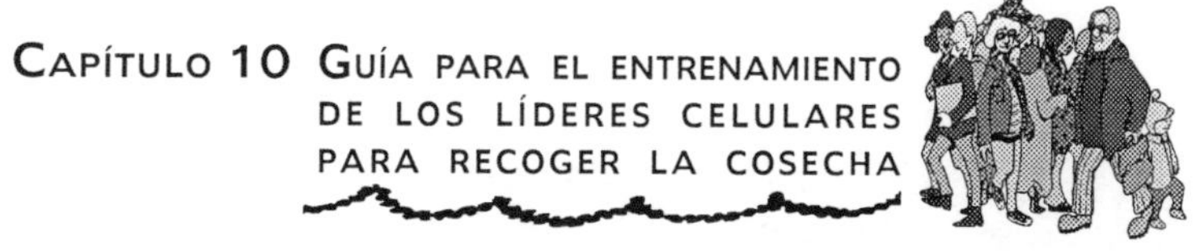

Proporcione un entrenamiento y cuidado continuados para el liderazgo

La mayoría las iglesias celulares alrededor del mundo ofrecen algún tipo de cuidado y entrenamiento continuo. ¡Ay de la iglesia que prepara a los líderes y los liberan para el ministerio, sin haber chequeado nunca su progreso![18] Mi primer ministerio celular en Quito, Ecuador, empezó en el final de uno de estos desastres. Alguien en el equipo pastoral recomendó la necesidad de comenzar un ministerio celular. «Sí, eso es lo que necesitamos», asintieron los otros en el equipo. El equipo escogió a algunos laicos claves, les dieron una charla para animarles, y les dejaron volar. No volaron muy alto, ni por mucho tiempo. Entró el desaliento y la visión se marchitó. Cuando Celyce y yo llegamos a Ecuador en 1990, el ministerio celular casi no existía. Floyd Schwanz escribe; «Para que un pájaro vuele, necesita tener dos alas. Eso también es verdad para un ministerio de grupos pequeños, y las dos alas son permiso y supervisión».[19]

Tenga reuniones cumbres de líderes con regularidad

Las iglesias celulares dirigidas por el Espíritu constantemente están recibiendo nueva visión e instrucciones ya que constantemente surgen nuevos desafíos y necesidades. Los líderes principales necesitan un foro para comunicar esas ideas a los líderes de las células. Muchas iglesias celulares requieren regularmente una reunión cumbre de todos los líderes celulares.

No espere demasiado de esta reunión cumbre. Ésta no debe reemplazar su sistema de entrenamiento celular para el liderazgo. Simplemente es una manera de ofrecerles cuidado e instruc-

ciones continuados a sus líderes. Es un tiempo para comunicar la visión y dar énfasis a un tema particular en la iglesia celular (por ej., la evangelización, la visitación, la oración). A semejanza del Centro de Oración Mundial Betania, usted podría querer distribuir sus lecciones para las células durante la reunión cumbre mensual.

Por lo general, las iglesias celulares requieren que los líderes celulares se reúnan regularmente con los líderes principales. ¿Qué significa regularmente? El rango generalmente va de reuniones semanales a reuniones mensuales.[20] No les pida a sus líderes celulares que se reúnan semanalmente a menos que esté dispuesto a hacerlo obligatorio. Si los líderes celulares «influyentes» raramente asisten, su ejemplo afectará a los demás. Yo siento que es mucho mejor tener una reunión cumbre mensual cuando todos los líderes celulares están presentes, y no una reunión semanal a la que asisten muy pocos. En la Iglesia de la República tenemos reuniones cumbres trimestrales. Descubra lo que funciona mejor para usted.

Reconozca a sus líderes celulares

Los líderes de los grupos en los hogares deben ser los «héroes» de su iglesia. Ellos merecen una atención especial. Después de todo, en la iglesia celular, ellos hacen la evangelización, el discipulado, el entrenamiento para el liderazgo, el cuidado pastoral, consejería y visitación. Y la inmensa mayoría de los líderes celulares trabajan constantemente. Empiece a premiar a sus líderes celulares con reconocimientos y ventajas. Las maneras de reconocerlos incluyen retiros para líderes, distintivos especiales o camisetas atractivas. Mantenga el sistema de apoyo que los sostiene para mejorar y estar fuertes.

En mi opinión, Cho es el modelo para mostrarnos cómo distinguir a los líderes celulares. Cada líder celular en la IPEY recibe un portafolios que tiene el emblema de la iglesia y del ministerio celular. Este regalo demuestra la posición e importancia del líder de la célula. Cho da certificados regularmente como un medio de reconocer los logros especiales entre sus líderes células.[21]

La Biblia nos dice que reconozcamos a nuestros líderes. Pablo le dice a los tesalonicenses: «... que reconozcáis a los que trabajan entre vosotros...» (1 Ts. 5:12). La versión (inglesa) New American Standard traduce este versículo de la siguiente manera: « ... aprecia a los que trabajan diligentemente entre vosotros...» En realidad, la palabra griega significa literalmente «percibir» o «conocer» a los que trabajan entre ustedes. El reconocimiento significa básicamente dar el crédito donde debe darse el crédito. El propósito del reconocimiento es honrar y afirmar los ministerios de los líderes. Es semejante a un «pago» por el servicio bien realizado.

Muchas iglesias dedican a los líderes de los grupos en los hogares frente a toda la iglesia en el culto de celebración del domingo. En la Iglesia de la República reconocemos a nuestros líderes celulares durante el culto de adoración del domingo por la mañana. Pero el evento máximo para honrar «a los que trabajan intensamente entre nosotros» es nuestra cena anual para líderes celulares. Nada se escatima para hacer que esta cena sea un evento memorable, de primera clase.

Evalúe a sus líderes celulares

¿Cuán bien está entrenando usted a sus líderes? Esta pregunta es difícil de contestar sin los datos concretos. Los restaurantes exitosos o las cadenas alimentarias, por ejemplo, colocan cajas

para recoger las sugerencias en los mostradores o en las salidas. Se estimula a los clientes a brindar sus opiniones. Esto raramente ocurre en una iglesia. ¿Pero cómo sabrá usted si está entrenando bien, sin la retroalimentación de los líderes celulares mismos? Hay varios métodos para recibir esa valiosa información:[22]

1. Retroalimentación Informal Verbal – hablando informalmente con los líderes
2. Retroalimentación Formal Verbal – entrevistas formales con líderes de grupo
3. Retroalimentación por escrito – cuestionarios
4. Retroalimentación instantánea – comentarios de evaluación espontáneos durante las sesiones de entrenamiento

MIRANDO HACIA ADELANTE

Algunos modelos de entrenamiento funcionan mejor que otros. Los exitosos son claros, realizables, y encajan impecablemente dentro de la estructura celular. Los ineficaces descansan en la educación general y a menudo pierden al líder potencial en un laberinto de requisitos. Lo que sigue es esencial para todas las iglesias celulares:

- Un programa de entrenamiento claro y realizable para los líderes celulares potenciales.
- Un sistema de Jetro en el que todos los líderes son pastoreados.
- Entrenamiento continuo para los líderes celulares.[23]
- Una manera intencional para que los líderes emergentes sean identificados, estimulados e integrados en la estructura del liderazgo.

CAPÍTULO 11

MODELOS PARA EL ENTRENAMIENTO DE LOS LÍDERES CELULARES

No hace mucho, tuve que explicarles a mis hijas cómo era una máquina de escribir. Nunca habían visto una. Mis niñas nacieron en la edad de la computadora en la que hablamos de vivir un estilo de vida de la red (Internet), y aun la era de la computadora en que vivimos actualmente pronto será cosa del pasado. Para que las compañías o las instituciones puedan sobrevivir, deberán aprender a vivir en el futuro y percibir el próximo paso con exactitud. Por esta razón, las organizaciones exitosas invierten fuertemente en el futuro.

El mismo modelo es verdad de las iglesias celulares de clase mundial. Estas iglesias saben que su éxito a largo plazo depende de vivir en el futuro. Ellos comprenden que los líderes de mañana son los niños y los adolescentes de hoy. Invierten fuertemente en el desarrollo y entrenamiento de los nuevos líderes.

Muchas iglesias, por otro lado, fracasan en esta área. Después de todo, hay tantas presiones *presentes*. Parece absurdo pensar más allá del ahora. Las iglesias celulares no son inmunes a esta manera de pensar. Incluso es posible que una iglesia comience un ministerio celular y produzca cientos de grupos celulares inmediatamente. Un mayor sondeo, sin embargo, a menudo revela que el crecimiento inicial simplemente era un cambio de guardia. Los líderes establecidos que en determinado momento mantuvieron los programas favoritos fueron reubicados para dirigir los grupos celulares. Pero sin un sistema de capacitación establecido para producir nuevos líderes, el grupo de líderes se acabará pronto, haciendo que el ministerio celular se detenga abruptamente.

Las iglesias celulares fuertes, por el contrario, desarrollan sistemas de entrenamiento que llevan al cristiano nuevo desde la fase del discipulado inicial hasta la conducción de un grupo pequeño. Porque los líderes principales comprenden que el entrenamiento de nuevos líderes es la tarea principal, la iglesia entera funciona como un sistema de producción de líderes.

Anotar en detalle el sistema de entrenamiento de una iglesia celular particular es un negocio arriesgado. Las iglesias celulares exitosas están constantemente adaptando y mejorando su entrenamiento. Por ejemplo, yo he estado estudiando el Centro de Oración Mundial Betania durante los últimos cuatro años. En ese período de tiempo, el COMB ha hecho por lo menos cuatro ajustes mayores en su entrenamiento. Por lo tanto, no podemos inmortalizar estos sistemas de entrenamiento. Mi esperanza es que usted pueda entender los principios detrás de las sendas de entrenamiento en estas iglesias, y luego pueda aplicar esos principios a su propia situación.

EL MODELO CELULAR DEL ENTRENAMIENTO

He acuñado el título «El Modelo Celular del Entrenamiento para el Liderazgo» porque algunos, si no la mayoría de los entrenamientos en este sistema, tienen lugar dentro de la célula. Reconozco que los retiros, los seminarios y la instrucción en las aulas se usan en este modelo, pero el entrenamiento empieza y fluye desde el grupo celular.

EL ÉNFASIS DE RALPH NEIGHBOUR

Ralph Neighbour ha hecho más que todos los otros para conectar el surgimiento de los nuevos creyentes y su desarrollo con el ministerio del grupo celular. Muchas iglesias celulares están usando sus materiales o los han adaptado a su propio contexto. El Dr. Neighbour es el fundador de TOUCH Outreach Ministeries (Ministerios TOUCH para la Evangelización) y Publicaciones TOUCH, que ahora promueve sus materiales.[1] Estas guías de entrenamiento llevan al creyente nuevo desde la condición de volver a pensar su sistema de valores hasta aprender a penetrar su propio *oikos* (amigos, vecinos y familia), con la idea de finalmente dirigir un grupo pequeño.

ENTRENAMIENTO VINCULADO A LA VIDA CELULAR

La característica principal que separa los manuales de entrenamiento de Neighbour de la mayoría de los folletos para el discipulado (por ejemplo, de Los Navegantes o de la Cruzada Estudiantil) es que están tan íntimamente vinculados con el grupo celular. En el folleto básico, *La vida en el Reino (The Arrival Kit)*, Semana Uno, Día Uno le informa al nuevo creyente: «Su Grupo Celular será servido de una manera especial. Algún día, cuando haya madurado, usted también podrá pastorear a otros como un Líder Celular. Nunca habrá más de quince en su célula familiar, y pronto descubrirá que cada miembro está realizando un viaje espiritual con usted».[2] Neighbour no sólo introduce el entrenamiento para los creyentes nuevos vinculado con el grupo celular en forma simultánea; también planta la semilla del liderazgo de los grupos pequeños.

La mayor parte de los materiales consta de enseñanza bíblica fundamental diseñada para el discipulado de los creyentes nuevos.[3] Neighbour, sin embargo, toma las enseñanzas bíblicas y les da nuevo significado a la luz del grupo celular. Tome, por ejemplo, la enseñanza bíblica sobre la comunión. Una cita del folleto, *Bienvenido a Tu Nueva Vida (Welcome to Your Changed Life)*, dice:

> Hay un acontecimiento que los incrédulos esperan con gusto, que es lo que se ha dado en llamar la «Hora Feliz». Es un tiempo cuando los amigos se reúnen durante una hora, más o menos, y toman bebidas alcohólicas para «estar alegres». Quizás usted ha compartido ratos así. ¡Los cristianos son los que tienen la única VERDADERA «Hora Feliz»! Es un tiempo especial, llamado «Grupo Celular», cuando se reúnen para estar con su Señor.[4]

Al hablar sobre el bautismo, él le insta al creyente nuevo que hable con su líder celular en cuanto sea posible.[5] Al tocar el tema de la Cena del Señor, él dice: «En su *oikos*, usted observará una comida especial llamada "La Cena del Señor"».[6]

Los retiros complementan el entrenamiento celular, y hay un lugar incluso para la instrucción en el aula; pero todo el entrenamiento está vinculado con la vida del grupo celular. Tome en cuenta la relación entre el material de entrenamiento de Neighbour y la célula:

- ✔ El incrédulo hace su decisión por Cristo y recibe el folleto *Bienvenido a Tu Nueva Vida* y el *Paquete Bíblico*.
- ✔ El líder de la célula o el miembro se pone en contacto con el creyente y le da la *Guía del Viaje*. En este momento, el líder de la célula nombra un patrocinador y arregla para una visita.
- ✔ El líder de la célula y patrocinador visitan y establecen el calendario del «año de capacitación». El patrocinador entonces fija las fechas para la primera sesión.
- ✔ El patrocinador y el discípulo pasan cinco semanas usando *La Estación del Nuevo Creyente.*
- ✔ El patrocinador y el discípulo pasan once semanas usando *La Vida en el Reino*. Después, el discípulo se anima volverse un patrocinador y empieza ayudando a la nueva célula a agruparse a los miembros.

PATROCINIO

La más extraordinaria contribución funcional del Dr. Neighbour al entrenamiento de los creyentes nuevos es el concepto del pa-

trocinio dentro del grupo celular. El patrocinio es muy parecido al discipulado uno a uno. A todo creyente nuevo en el grupo celular se le asigna un patrocinador (miembro de la célula o líder de la célula). Con la ayuda del patrocinador, el creyente nuevo atraviesa los varios niveles de entrenamiento llamados «estaciones» (como de un tren). Neighbour escribe: «Asigne a cada creyente nuevo a una persona en el grupo que le ayudará a afirmarse en su andar con Cristo».[7]

La relación del patrocinador-discípulo dura de tres a cuatro meses. Luego la relación cambia a la de una sociedad. Es durante este tiempo de transición que el patrocinador entrena a su discípulo para llegar a ser un patrocinador de otros.[8] El patrocinador se enfoca en las seis características del liderazgo que incluyen: escuchar, interceder, formar, enseñar, dirigir e involucrar a los discípulos con otros cristianos.[9]

El patrocinador pasa las primeras cinco semanas usando el folleto *La Estación del Nuevo Creyente* que habla sobre la vida devocional, la libertad en Cristo y el crecimiento espiritual.[10] Después de cubrir el material en este folleto de cinco semanas, el patrocinador lleva a la persona a un retiro de «Fin de Semana de Formación Espiritual». El discípulo nuevo está listo entonces para ser bautizado en agua. A continuación el patrocinador y el discípulo pasan once semanas con *La Vida en el Reino*. Después, el discípulo es animado a llegar a ser un patrocinador y empieza a ayudar a los miembros nuevos del grupo celular. El patrocinador lleva entonces al discípulo al «Fin de Semana de Guerra Espiritual» y al entrenamiento de capacitación para la evangelización.

IMPORTANCIA DE LOS EVENTOS DE FIN DE SEMANA

Neighbour cree que la capacitación en la iglesia celular es lo más eficaz cuando se lanza en eventos de fin de semana. Estos «fines de semana» son como las estaciones en un sistema de ferrocarril. Primero debe ir a una estación antes de empezar un viaje. En estas estaciones, hay una orientación intensiva para prepararle para la próxima etapa del viaje. Cada fin de semana lanza un estudio, un ministerio, o una actividad. En cada fin de semana hay mayor entrenamiento y más experiencia práctica. Por ejemplo, el «Fin de Semana de Formación Espiritual» lanza el estudio de la *Estación del Nuevo Creyente*; el *Fin de Semana para Alcanzar los Corazones* es seguido por el *Libro-Guía para Alcanzar los Corazones*, etc.

Los eventos de fin de semana están íntimamente ligados al grupo celular. Anotarse para los fines de semana, por ejemplo, tiene lugar en la reunión del grupo celular; el líder de la célula da su aprobación para tomar el entrenamiento, registrando los miembros de la célula con una tarjeta. El líder celular también pregunta a los que han sido entrenados que compartan lo que aprendieron en la siguiente reunión celular. En el caso del fin de semana para Alcanzar los Corazones, un equipo de dos vuelve al grupo celular y comparte la presentación con todo el Grupo durante las siguientes dos reuniones.

ENTRENANDO PARA LA EVANGELIZACIÓN

Neighbour cree que la evangelización más eficaz alcanza a los amigos, vecinos y miembros familiares, y que él denomina como nuestro *oikos*.[11] El entrenamiento para la evangelización ocurre los fines de semana de entrenamiento especiales. El orden es como sigue:

- El líder de la célula envía el equipo al Fin de Semana para Alcanzar los Corazones –el entrenamiento para toda la iglesia para cosechar incrédulos Tipo A–. Los participantes trabajan siguiendo el *Libro-Guía para Alcanzar los Corazones*.
- El líder de la célula envía al equipo para interesar el entrenamiento en grupo –el entrenamiento para toda la iglesia para cosechar incrédulos Tipo B–. Los equipos trabajan en la Trilogía Abriendo Corazones.

Neighbour distingue entre los incrédulos «Tipo A» que están familiarizados con las costumbres religiosas, y los incrédulos «Tipo B» que «... no están buscando a Jesucristo, y no muestran ningún interés en el estudio de la Biblia u otras actividades cristianas».[12]

Para los incrédulos «Tipo B», el Dr. Neighbour ha diseñado un grupo celular «de un tipo no Cristiano» llamados Grupos para Compartir. Estos Grupos para Compartir no reemplazan los grupos celulares normales, sino que sirven como una extensión de una evangelización de un grupo celular normal. Los creyentes que empiezan o participan en los Grupos para Compartir tienen la doble responsabilidad de asistir a sus grupos celulares normales y también a los Grupos para Compartir.

Los Grupos para Compartir son grupos a corto plazo y normalmente duran diez semanas.[13] Se mueven de una casa a otra, y la meta es traer a los convertidos y buscadores al Grupo Pastor. Con respecto a estos Grupos Para Compartir, Neighbour dice lo siguiente: «Este grupo debe ser libre, informal y espontáneo... Es importante que todos los miembros del Grupo para Compartir sientan que pueden ser ellos mismos».[14] Él sigue diciendo:

Los Grupos para Compartir son los medios más bíblicos y eficaces para alcanzar a los que no van a la iglesia. Pocos serán ganados por visitas evangelísticas, almuerzos evangelísticos, o estudios bíblicos. Estamos tratando con personas desilusionadas, cínicas y dañadas que ya han sido «avasalladas» por las iglesias, y que no están listas para otra experiencia con ellas. Lamentablemente, durante años he mirado cómo los profesionales en la evangelización se alejan de los Grupos para Compartir porque comienzan con un relacionamiento en lugar de comenzar con estudios bíblicos. Cuando nos negamos a reunirnos con los que no van a la iglesia donde ellos están, y exigimos que se reúnan en nuestros términos, estamos inútilmente separados los unos de los otros.[15]

Los Grupos Objetivo son similares a los Grupos para Compartir. La diferencia principal está en la naturaleza homogénea de los Grupos Objetivo. Los Grupos Objetivo podrían incluir grupos para los divorciados, profesionales, madres, alcohólicos, etc.

El concepto de Neighbour del Grupo para Compartir y el Grupo Objetivo se parece al énfasis en la plantación de células en otras iglesias celulares (por ej., la Misión Carismática Internacional, el Centro de Oración Mundial Betania). La diferencia es que las nuevas plantas celulares entre los grupos de interés en muchas iglesias son clasificadas como grupos celulares regulares, continuos. En contraste, los Grupos para Compartir y los Grupos Objetivo diseñados por Ralph Neighbour son algo menor a una célula y nunca tuvieron la categoría de una célula verdadera. Sirven como embudos para canalizar a los nuevos convertidos hacia las Células Pastor.

ÉNFASIS BÍBLICO

Para cada etapa del desarrollo espiritual, Neighbour resalta un libro, o libros correspondientes de la Biblia. Teóricamente cada nuevo creyente repasará todos los libros de la Biblia. Ésta no es una parte obligatoria del sistema de entrenamiento. Más bien, los siguientes libros de la Biblia profundizan la vida espiritual del creyente. Esta tabla explica mejor el proceso:

SU VIAJE A UN MINISTERIO DE POR VIDA	
✔ Repensando mi sistema de valores	Pentateuco
✔ Aprendiendo a ser un patrocinador	Historia/Libros Poéticos
✔ Aprendiendo a usar el diagrama Juan 3:16	Profetas Mayores/Profetas Menores
✔ Trayendo los incrédulos Tipo «A» a Cristo	Evangelios
✔ Siendo capacitado para el ministerio y la guerra espiritual	Hechos
✔ Aprendiendo a dirigir los Grupos para Compartir/Objetivo	Epístolas de Pablo/Epístolas Regulares
✔ Aprendiendo a penetrar los nuevos *oikos*	Apocalipsis

El estudio autodidacta de la Biblia de 52 semanas incluye un mensaje grabado de cinco minutos por día. En intervalos de seis semanas el líder de la célula (o los líderes de la iglesia) proporcionan una tarde especial para preguntas y respuestas para todos los que toman el curso de la Biblia en un año.[17]

La influencia de la senda de entrenamiento de Neighbour

La Iglesia Bautista Comunidad de Fe, que tiene una enorme influencia sobre las iglesias celulares en Asia, imita casi por completo el sistema de entrenamiento de Neighbour (decidí no incluirlo en este libro porque era tan parecido al modelo de Neighbour). Muchas iglesias celulares en EE.UU., como la Iglesia de Dios de Long Reach (pastor Bob Davis) e Iglesia de la Piedra Angular (pastor Gerald Martin), han sido influenciadas fuertemente por el modelo de entrenamiento de Neighbour.

Centro Cristiano Little Falls

Little Falls Roodepoort, África Sur, pastor Harold F. Weitsz

Realidad: 240 células; 3000 asistencia del do mingo

Personalmente, creo que la senda de entrenamiento del Centro Cristiano Little Falls es uno de los mejores en el mercado de las iglesias celulares hoy día. El pastor Harold F. Weitsz, un íntimo amigo mío, robó con orgullo lo mejor de la senda de entrenamiento de Ralph Neighbour y luego lo adaptó a su propio contexto. (Vea la figura en la parte superior de la siguiente página.)

Todos los líderes potenciales asisten a la senda de entrenamiento que consiste en cuatro encuentros de fin de semana en un período de cuatro meses. ¡Es cierto; un líder celular es entrenado en cuatro meses! Previo a cada encuentro en un fin de semana, cada miembro recibe un folleto del proceso con preguntas para contestar. Después de completar este folleto, el líder de la célula lo revisa y lo firma, permitiéndole así al miembro asistir al encuentro de fin de semana. El folleto llega a ser el «boleto de entrada» para el correspondiente encuentro de fin de semana y califica a la persona para recibir el manual para el entrenamiento de fin de semana.

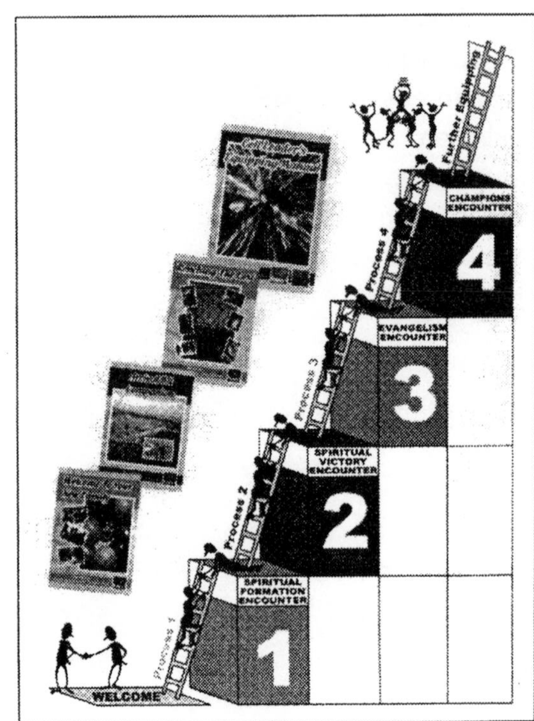

Ilustración: Pasos de la Senda de Capacitación en el Centro Cristiano Little Falls.

Los cuatro encuentros de los fines de semana cubren los conceptos básicos de la vida cristiana: la libertad espiritual y la victoria, ganando almas y entrenamiento para el liderazgo celular. Cada fin de semana se realiza en la iglesia, comenzando el viernes por la noche, y terminando el sábado. El miembro debe asistir fielmente a la reunión de su célula para cumplir las asignaciones del fin de semana. Una vez que el curso se ha completado se espera que el nuevo líder asista al fin de semana trimestral general de entrenamiento para el liderazgo.

Los encuentros de fin de semana se repiten continuamente a lo largo del año y permite que todos los miembros elijan cuatro fines de semana convenientes a su estilo de vida (hombre o mujer), y otros compromisos. Por lo tanto uno puede completar los cuatro encuentros en un período de cuatro meses o más.

Después de llegar a ser un líder celular, sigue el entrenamiento. Hay entrenamiento especializado para los supervisores de los grupos celulares, y un curso de dos años de la Universidad del CCLF debe ser completado por todos los que surgen como nuevos pastores potenciales de las líneas de los supervisores de las células.

Los líderes que han sido recientemente entrenados pueden comenzar sus propias células, conectándolas a la actual estructura tipo Jetro, o aun son estimulados a plantar células nuevas en el lugar de trabajo o con personas de intereses similares (por ej., deportes, *hobbies* u otras actividades). Esta senda de entrenamiento es capaz de entrenar a cientos de líderes celulares nuevos por año.

EL CENTRO DE ORACIÓN MUNDIAL BETANIA

BAKER, LOUISIANA,

PASTOR LARRY STOCKSTILL

REALIDAD: 700 CÉLULAS; 8.000 ASISTENCIA DEL DOMINGO

El Centro de Oración Mundial Betania tiene un lugar prominente en su ministerio como iglesia celular. El COMB adapta su entrenamiento para el liderazgo celular para mejorarlo. He puesto al COMB bajo el Modelo Celular para el entrenamiento de los nuevos líderes porque una gran parte del entrenamiento tiene lugar dentro de la célula. También es verdad, sin embargo, que el

COMB usa los retiros y el aula para entrenar a los líderes celulares potenciales. Como todos los modelos de entrenamiento celular, el COMB ha tomado ciertos principios de otros modelos, manteniendo al mismo tiempo su propia creatividad.

La senda de entrenamiento en el COMB es clara como el agua. El creyente nuevo aprende enseguida cómo hacer un gol: –cómo ir del punto A (recién convertido) al punto B (líder celular)–. La meta para todos es la mismo –llegar a ser un líder de un grupo celular–. El COMB usa la ilustración de un diamante del béisbol para ilustrar el proceso.

Tarda aproximadamente ocho meses para ir alrededor de las bases. Un creyente nuevo en Betania entra primeramente en un grupo celular. Desde allí, un patrocinador del grupo celular (líder

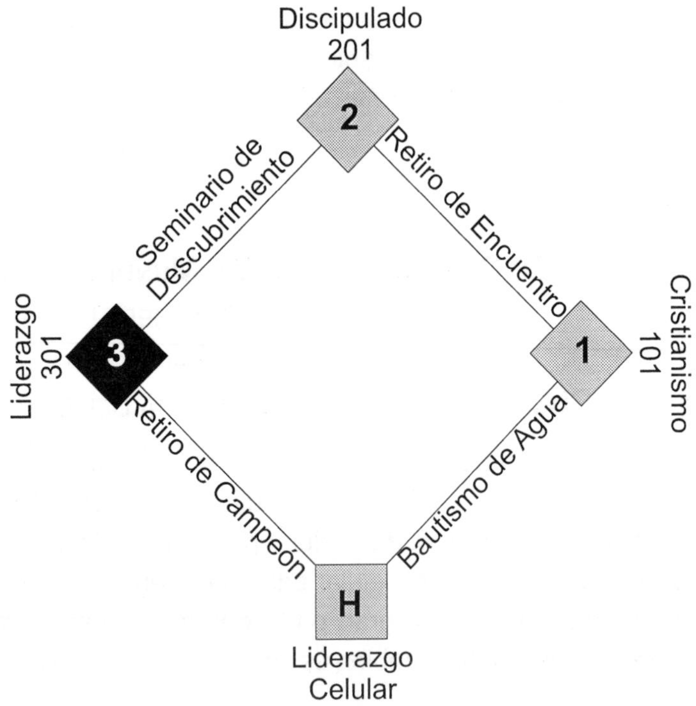

de la célula o miembro) guía a esa persona a través del folleto *Cristianismo 101u*. Este folleto cubre el significado de la salvación, el bautismo en agua, las disciplinas del crecimiento cristiano, el bautismo del Espíritu Santo, el ministerio del grupo celular y la evangelización. Entonces se bautiza al nuevo discípulo.

El próximo paso es un Retiro de Encuentro en el que los nuevos creyentes encuentran ayuda para superar los problemas en sus vidas. Los pastores del personal ayudan a la persona a aislar las fortalezas satánicas y a determinar sus necesidades espirituales.

Cuando la persona se va del Retiro de Encuentro, a él o a ella se le pone en el *Discipulado 201*. Aquí es donde él o ella aprenden a cambiar sus valores. El folleto *Discipulado 201* se usa para enseñarles la doctrina básica de la Biblia a los líderes potenciales, puntos prácticos en cómo vivir su nueva vida en Cristo, y conocimiento con respecto a sus relaciones con la iglesia local.[18] A los líderes potenciales se les enseña la importancia de la oración, del ayuno, y del estudio bíblico. El *Discipulado 201* se enseña en una clase durante doce semanas los miércoles por las noches en la iglesia.[19]

Luego los líderes potenciales asisten a un Seminario de Descubrimiento, donde aprenden acerca de los estilos de su personalidad, sus dones espirituales, y son preparados para el futuro liderazgo celular.

Después del Seminario de Descubrimiento, llegan a la tercera base que es *Liderazgo 301*. Ésta es una clase de doce lecciones que les ayudan a aprender todo sobre las células. Ellos son discipulados en los principios de la administración del tiempo y del liderazgo.

El último paso es el Retiro de un Campeón. Los líderes potenciales son llevados a un hotel local y se les da un banquete y más entrenamiento. El sábado, el pastor Larry Stockstill les habla. Luego el domingo por la mañana, todos los nuevos líderes son presentados delante de la iglesia. Sus amistades se adelantan y oran por los nuevos líderes que son enviados al ministerio. De esta manera, Betania siempre tiene un suministro fresco de líderes nuevos. Ellos no tienen que buscar más allá de su propia congregación para levantar nuevos líderes.

EL MODELO DE ENTRENAMIENTO EN GRUPO

Yo he nombrado este modelo el «Modelo para el Entrenamiento en Grupo» porque el mayor volumen del entrenamiento tiene lugar en un salón de clase o en un retiro. En este sistema, hay muy poco entrenamiento dentro de la célula. Más bien, los líderes celulares les piden a los miembros que tomen los cursos de entrenamiento en la iglesia y/o en un retiro que se administra y se enseña dentro de cada departamento homogéneo.

La iglesia celular más prominente que usa este modelo es la Misión Carismática Internacional, aunque otras iglesias celulares también están entrenando a sus líderes en grupos (por ej., la Iglesia Bautista Colonial Hills en Southaven, Mississippi). La Iglesia de la República ha adaptado ciertos aspectos de este modelo.

LA MISIÓN CARISMÁTICA INTERNACIONAL

BOGOTÁ, COLOMBIA,

PASTOR CÉSAR CASTELLANOS

REALIDAD: 20.000 CÉLULAS; 45.000 ASISTENCIA DEL DOMINGO

MCI no utiliza el entrenamiento celular sobre la base de uno a uno. Los creyentes nuevos son entrenados en una clase junto con

muchos otros creyentes nuevos. El entrenamiento en MCI toma aproximadamente seis meses para completar. Aunque éste es el tiempo promedio, algunos departamentos homogéneos en MCI tardan menos tiempo, mientras otros usan más tiempo. Los siguientes pasos bosquejan el proceso oficial para todo creyente nuevo. Sin embargo, algunos nuevos convertidos no asisten a un Retiro de Encuentro inmediatamente. Más bien, entran en la Escuela de Liderazgo y sólo después asisten a un Retiro de Encuentro. Por lo tanto, es posible la flexibilidad en el entrenamiento en MCI.

Pasos uno y dos: Seguimiento inicial y vida en la célula

Durante los cultos de la celebración (toda la iglesia los domingos) o el culto congregacional (una de las reuniones de los grupos homogéneos), siempre existe la oportunidad de recibir a Jesucristo. Muchísimas personas responden y son reunidas en un cuarto separado después del culto. Obreros entrenados presentan el evangelio otra vez de una manera más personal.

La información de todos los nuevos convertidos es colocada sobre tarjetas, la que es introducida inmediatamente en el sistema de la computadora en MCI. Esta información se distribuye a los diferentes departamentos homogéneos, y dentro de las siguientes 48 horas los líderes celulares se ponen en contacto con los creyentes nuevos.

La nueva persona empieza la vida cristiana en un grupo celular. El recién convertido recibe cuidado personal y alimento espiritual dentro del grupo. En el contexto del grupo celular, todas las personas reciben el cuidado pastoral; pero no el entrenamiento. Ésta es una de las diferencias claves en el Modelo del Entrenamiento en Grupos.

Dentro del grupo celular, el recién convertido oirá acerca de un retiro de tres días llamado un Encuentro de Retiro. Antes de asistir a este evento, el recién convertido debe tomar tres lecciones preparatorias que se enseñan en un salón de clase.

Paso tres: Pre-encuentro

Antes de asistir a un Retiro de Encuentro los creyentes nuevos deben completar tres de los seis libros de los Navegantes sobre las enseñanzas básicas de la vida cristiana. El propósito de este paso es darle a cada persona algunos fundamentos bíblicos antes de llegar a un Retiro de Encuentro. Todas las lecciones se dan en un salón de clase en la iglesia por un maestro entrenado dentro del grupo homogéneo particular (una lección por semana).

Paso cuatro: Retiro de encuentro

Los que reciben a Jesucristo como adultos a menudo están limitados por heridas del pasado, conducta disfuncional y modelos pecaminosos. El acto de «aceptar a Cristo» los salva del infierno eterno, pero no cambia su conducta al instante. El Retiro de Encuentro es un evento de tres días, diseñado para ayudar a liberar al creyente nuevo de la esclavitud del pasado. MCI cree que un Retiro de Encuentro de tres días para un creyente nuevo equivale a un año entero de asistencia a la iglesia.[20]

Un Retiro de Encuentro comienza un viernes a la noche y termina el domingo de tarde al anochecer. Entre 70-120 personas asisten a un retiro lejos de la ciudad y de los horarios de rutina, para concentrarse totalmente en Dios.

El Retiro de Encuentro trata sobre cuatro áreas en la vida de una persona. Primero, está la enseñanza sobre la *seguridad de la salvación*. Segundo, los participantes experimentan la *liberación y la sanidad interior*. Los líderes designados les enseñan a las personas el verdadero significado del arrepentimiento y cómo vivir una vida totalmente rendida a Dios. Tercero, el Retiro de Encuentro es un tiempo para recibir la *llenura del Espíritu de Dios*. En cuarto lugar, el creyente nuevo recibe enseñanza sobre la *visión de MCI*.[21] Los que asisten oyen hablar de los planes de MCI para usar cada uno de ellos en el ministerio celular.

PASO CINCO: POS-ENCUENTRO

El Pos-Encuentro sucede inmediatamente después del Retiro de Encuentro y le prepara al creyente nuevo para entrar en la Escuela de Líderes. Las últimas tres lecciones de los Navegantes se dan durante este tiempo, y de nuevo, estas lecciones se enseñan a un grupo de personas (principalmente en un salón de clase).

PASO SEIS: ESCUELA DE LIDERAZGO

Después de la enseñanza del Pos-Encuentro, el creyente joven empieza a asistir a la Escuela de Liderazgo que dura un año. Este consiste en una clase semanal de dos horas que tiene lugar entre los diferentes grupos homogéneos.

César Castellanos ha escrito un libro para cada semestre. *Encuentro Uno* (primer semestre) cubre el propósito de Dios para la humanidad, la condición pecaminosa del hombre, la persona de Jesucristo y la condición especial del cristianismo. *Encuentro Dos* (segundo semestre) trata de la cruz de Cristo. *Encuentro Tres* (ter-

cer semestre) enseña del bautismo, la vida devocional, la autoridad de las Escrituras y la doctrina del Espíritu Santo.[22] Otro manual, C.A.F.E. 2000 (una recopilación del material de entrenamiento para el liderazgo celular), se enseña junto a los manuales del Encuentro para preparar a las personas para que puedan dirigir un grupo celular.

PASO SIETE: SEGUNDO RETIRO DE ENCUENTRO

Este segundo retiro está diseñado para reforzar los compromisos hechos en el primer retiro y para implantar los principios finales en el líder potencial antes de que él o ella comience a dirigir un grupo celular.[23] El segundo retiro por lo general ocurre después del primer semestre de la Escuela de Liderazgo, inmediatamente antes de que la persona empiece a dirigir su grupo celular.

PASO OCHO: DIRIGIENDO UN GRUPO CELULAR

Es importante recordar que una persona no tiene que terminar totalmente la Escuela de Liderazgo antes de tener su propio grupo celular. Muchos, en realidad, dirigen una célula abierta antes de asistir a un segundo Retiro de Encuentro. A menudo, la Escuela de Liderazgo ofrece entrenamiento en forma continuada para los que ya están dirigiendo un grupo celular.

PASO NUEVE: MÁS ENSEÑANZA EN PROFUNDIDAD

Para los líderes celulares que desean entrenamiento más avanzado, hay una senda de entrenamiento del nivel de graduación que utiliza una serie de materiales titulados «Firme como una Roca».

Paso diez: Escuela de Maestros

La Escuela de Maestros es un curso diseñado para entrenar a los maestros potenciales para enseñar en la Escuela de Liderazgo. A los maestros potenciales se les enseña varias habilidades para la enseñanza y sobre todo, cómo aplicar la enseñanza a las vidas de sus estudiantes.

Dos ejemplos de iglesias celulares influenciadas por MCI

Después de visitar la Misión Carismática Internacional, el pastor titular de mi iglesia, pastor Porfirio Ludeña, nos guió en el cambio de nuestra senda de entrenamiento al Modelo de Entrenamiento en grupo. Previamente, nuestros entrenamientos empezaban con un discipulado de uno en uno. Ahora los nuevos aprendices deben estar involucrados en una célula, pero también ofrecemos entrenamiento en clases, tal como lo hace MCI. Aunque todavía concedemos la libertad para enseñar la senda de entrenamiento uno a uno, la mayoría de los creyentes nuevos reciben el entrenamiento en un grupo (nuestro lema es mantener una sola senda de entrenamiento pero usar varios métodos para enseñarla).

Otro ejemplo es el pastor Rakjumar Patta del Templo del Rey en Hyderabad, India Central, que trató de implementar la filosofía de la iglesia celular durante varios años; sin éxito. Los 15 grupos que tenían en determinado momento menguó a sólo dos. Cuan-

do supieron lo que estaba sucediendo en la Misión Carismática Internacional, decidieron realizar la transición en su iglesia a ese modelo. Le dijeron a todos que finalmente ellos estarían dirigiendo un grupo, y que todos alcanzarían esta meta en su propio tiempo. En lugar de buscar un aprendiz en el grupo para ser entrenado para dirigir el próximo grupo, todos los líderes celulares empezaron por ver a todos los miembros del grupo como líderes potenciales. La iglesia también decidió que todo el entrenamiento y la enseñanza serían realizados por un fuerte equipo de liderazgo central, y no por los líderes de los grupos celulares. Al quitar la carga del líder celular, esta iglesia esperaba que esto liberaría a muchas más personas del miedo de dirigir un grupo. Después de implementar estos cambios, la iglesia experimentó un crecimiento espectacular.[25]

EL MODELO DE ENTRENAMIENTO EN GRUPO EN LA IGLESIA BAUTISTA COLONIAL HILLS

SOUTHAVEN, MISSISSIPPI,
PASTOR STEVE BENNETT

La senda de entrenamiento en la Iglesia Bautista Colonial Hills ha evolucionado desde 1995. Al principio le daban énfasis al discipulado de uno en uno, pero hallaron que era muy difícil, incluyendo la relación de responsabilidad ante otras personas, para motivar a las personas para transitar toda la senda de entrenamiento (aproximadamente 10 meses en el tiempo). Probaron varias adaptaciones y modificaciones hasta que finalmente desecharon todo el proceso y adoptaron el modelo de Saddleback de las Cuatro Bases.

Ahora ellos incorporan el material de la senda de entrenamiento en cuatro presentaciones de cuatro horas (16 horas en total), con más para después. El entrenamiento comienza a las 8 de la mañana del sábado en la iglesia y termina al mediodía. Por cinco dólares ellos proporcionan un buen desayuno (7:30 de la mañana), cuidado de infantes, y un programa de estudios con los materiales que serán cubiertos. Los miembros mayores del personal dirigen las bases y usan un salón de clase o la iglesia. La iglesia también proporciona entrenamiento específicamente para líderes en retiros (líderes celulares, aprendices, supervisores, etc.).

La primera base la enseña el pastor titular. Se trata de la historia, visión, filosofía, y futuro de la iglesia. Todos los miembros de la iglesia son estimulados a asistir, al igual que los probables miembros que están interesados en unirse a la iglesia. La segunda base tiene que ver con el cuidado personal del alma. El pastor asociado y un par de pastores de zona lo enseñan. Los temas que se dan tienen que ver con la salvación, cómo estudiar la Biblia, el diezmo y las ofrendas, la oración, etc. La tercera base trata acerca de quién es la persona que está en Cristo. Es enseñado por el ministro de adoración, el pastor de la juventud y un pastor de zona. También se enseña sobre los dones espirituales, la personalidad, experiencias, habilidades, y del corazón, etc., para ayudar al creyente a encontrar su capacidad espiritual. La cuarta base tiene que ver con el lugar de uno en el ministerio de esta iglesia (IBCH). Es enseñada por los pastores de zona y el ministro de los niños.

El modelo de entrenamiento del montón

No estoy seguro dónde comenzó la palabra *Huddle*, pero describe el propósito de una reunión semanal. Floyd L. Schwarz, originalmente un pastor en la Iglesia de la Comunidad Nueva Esperanza en Portland, Oregón, describe el *huddle* de esta manera:

Hace varios años dos pastores estaban en mi oficina para hablar sobre los ministerios de los pequeños grupos. Ellos estaban muy preocupados sobre cuánto entrenamiento habían recibido estos líderes. Yo les dije que habían completado el entrenamiento de un fin de semana. Y cuando preguntaron (con énfasis): «¿Eso es todo?», les dije que también venían al entrenamiento semanal mientras querían estar en el liderazgo... Uno de ellos arrugó la cara y preguntó: «¿Hay que ir allí todas las semanas?» Obviamente, él estaba pensando con la mentalidad que ésta era una clase de líderes. No, nada de eso. Esto es un *huddle*. Recuerde que yo como pastor sirvo como un entrenador, y estos líderes forman mi equipo.[26]

Varias iglesias de pequeños grupos dependen de las reuniones de entrenamiento para el liderazgo semanal para capacitar a sus líderes celulares. Las iglesias que se identifican con el «Modelo del *Huddle*» también entrenan a sus líderes en seminarios, aulas, y usan una estructura de Jetro eficaz. La joya de la corona, sin embargo, es el entrenamiento semanal continuado –el *Huddle*–.[27] Este entrenamiento continuado cumple un papel tan importante en estas iglesias que los líderes potenciales reciben sólo un entrenamiento mínimo antes de dirigir un grupo celular. Estas iglesias dependen de las sesiones sin fin para darles a los nuevos líderes una visión renovada, un entrenamiento específico y cualquier ayuda que sea necesaria.

EL MODELO META

El Modelo Meta depende de frecuentes *Montones* (*Huddles*) para mantener la calidad del liderazgo. Este modelo es un modelo contextualizado del ministerio de los grupos pequeños de la iglesia norteamericana para la iglesia norteamericana, que fue popularizado por Carl George y originalmente siguió el modelo del ministerio de los grupos pequeños en la Iglesia de la Comunidad Nueva Esperanza en Portland, Oregon.[28] Aparte de las iglesias celulares puras que examiné, también observé varias iglesias que usan el Modelo Meta –Iglesia de la Comunidad Willow Creek, Iglesia de la Comunidad Saddleback, Cincinnati Vineyard e Iglesia de la Alianza Fairhaven.[29]

MENOS ENTRENAMIENTO DESDE EL FRENTE

El Modelo Meta requiere menos entrenamiento al frente. George, el pensador filosófico detrás del Modelo Meta, comparte su razonamiento en *The Coming Church Revolution* (La Próxima Revolución de la Iglesia):

> Los que planifican el entrenamiento y el desarrollo del liderazgo en las iglesias tienden a poner demasiado énfasis en el entrenamiento de orientación y con carencias en la supervisión. ¿Por qué? Su propia enseñanza los ha hecho sentirse cómodos con el entrenamiento para la orientación pero relativamente muy poco familiarizados con la noción de la supervisión… cualquier creyente que está creciendo... podrá reunir muchos pedazos en una base del sentido común con sólo una pequeña cantidad de instrucción.[30]

ENTRENAMIENTO MÁS CONTINUADO

Para compensar por la falta de entrenamiento al frente, cada líder de célula y aprendiz en el Modelo Meta debe asistir al entrenamiento bimestral continuo para el liderazgo.[31] Teóricamente, les exigen que se reúnan en un evento general de entrenamiento para el liderazgo cada dos semanas, llamado VHS (N. del Tr.: del inglés, Vision, *Huddles* y *Skill Training*, o sea, Visión, Montón y Entrenamiento de las Habilidades). En *Prepare Su Iglesia para el Futuro*, George dedica unas treinta páginas para describir cómo las reuniones continuadas para el entrenamiento del liderazgo funcionan con la estructura Jetro para entrenar y cuidar a los líderes de las células.[32]

En todos los Modelos Meta hay algún tipo de entrenamiento continuado para los líderes, pero este sistema parece ser muy flexible. Willow Creek reúne su comunidad de líderes todos los meses para entrenarlos y estimularlos.[33] La Iglesia Comunidad Saddleback establece reuniones de entrenamiento trimestrales.[34]

LA IGLESIA ELIM
SAN SALVADOR, EL SALVADOR,
PASTOR MARIO VEGA
REALIDAD: 5500 CÉLULAS; 35.000 ASISTENCIA DEL DOMINGO

La Iglesia Elim depende mucho del Montón semanal para proporcionar cuidado y entrenamiento continuado. El entrenamiento para el liderazgo en la Iglesia Elim es muy básica. Hay muy pocos requisitos iniciales. Esto es en parte debido al cuidado continuo que reciben todos los líderes celulares.

El Montón tiene lugar en el nivel de la zona en lugar del nivel de la iglesia debido al gran tamaño del ministerio celular. Los pastores de zona se reúnen semanalmente con los supervisores y líderes celulares para enseñarles la lección semanal, para que ellos a su vez puedan enseñarla a sus grupos. La Iglesia Elim prepara las lecciones en forma escrita para el líder de la célula, y luego entrena diligentemente al líder en la manera cómo debe dar la lección. Muy poco queda para la casualidad. El estímulo, la motivación, y la visión se transmiten durante estas reuniones. Todos los líderes celulares deben asistir al Montón semanal.

Un curso de entrenamiento de cuatro semanas es un requisito previo al liderazgo celular. Generalmente, este curso lo enseña el Pastor de Distrito, con la ayuda de un Pastor de Zona. Cada distrito ofrece este curso repetidamente a lo largo del año. La siguiente tabla explica el contenido de este curso de entrenamiento para el liderazgo:

IGLESIA ELIM
CURSO DE ENTRENAMIENTO
PARA NUEVOS LÍDERES

PRIMERA SEMANA	La Vocación para Dirigir La Visión del Grupo Celular La Razón de ser de los Grupos Celulares
SEGUNDA SEMANA	Los Requisitos y Características del Liderazgo Preparación de la Lección
TERCERA SEMANA	Cómo Operan los Grupos Celulares Cómo Multiplican los Grupos Celulares
CUARTA SEMANA	La Administración y Organización de los Grupos Celulares Examen Final

El culto en la mitad de la semana de enseñanza de exposición bíblica está diseñado para proporcionar entrenamiento bíblico fundamental, pero el Montón semanal proporciona la supervisión y entrenamiento continuado.[35]

SIGA LOS PRINCIPIOS

No siga los métodos; más bien, extraiga los principios de los métodos y aplíquelos a su situación. Nosotros hemos visto cómo las iglesias celulares que seriamente quieren recoger la cosecha invierten mucho en los futuros líderes. Hemos mirado sus sistemas de capacitación para desarrollar a los líderes de los grupos pequeños para la cosecha. Sin embargo, debemos ir más allá de sus modelos y mirar los principios de cerca.

CAPÍTULO 12

LOS PRINCIPIOS DETRÁS DE LOS MODELOS

La entrenadora de perros inglesa, Bárbara Woodhouse, dice lo siguiente: «Yo puedo entrenar cualquier perro en cinco minutos. Es el entrenamiento de los dueños que toma mucho más tiempo».[1] Si Woodhouse fuera una consultora en la iglesia celular, yo le podría oír decir: «Yo puedo entrenar a un nuevo líder celular en menos de seis meses. Es el entrenamiento de la iglesia que toma mucho más tiempo». El entrenamiento esporádico de líderes individuales es común en muchas iglesias. Pocas iglesias, sin embargo, establecen un sistema de entrenamiento sistemático que produce grandes cantidades de líderes de pequeños grupos para la cosecha.

Advertencia: La mayoría de las iglesias pasan por múltiples revisiones de su senda de entrenamiento antes de encontrar la correcta. El fracaso inicial sucede a menudo porque una iglesia intenta copiar íntegramente el modelo de entrenamiento de otra iglesia. La mayoría de las veces la iglesia se da cuenta de que el modelo de entrenamiento no encaja en su singular contexto e identidad. Para ayudarle a evitar esto, he extraído siete principios de los mejores modelos de entrenamiento de las iglesias celulares. Estos principios deben afirmar su senda de entrenamiento, aunque la forma de su modelo sea diferente.

PRINCIPIO #1: MANTENGA LA SENDA DE ENTRENAMIENTO SENCILLA

No complique en demasía su senda de entrenamiento para el liderazgo celular. En sus comienzos, la Misión Carismática Internacional desarrolló una senda de entrenamiento de dos años para los líderes celulares que incluía la homilética, Teología 1, 2, 3, etc. Para cuando una persona se graduaba de la senda de entrenamiento, él o ella habían perdido contacto con sus amistades no cristianas. Yo recomiendo usar sólo cuatro manuales o tener sólo cuatro pasos. La mayoría de las sendas de entrenamiento de las iglesias celulares preparan a sus líderes en las siguientes cuatro áreas:

- Doctrina básica
- El Desarrollo de la vida interior
- La evangelización personal
- Entrenamiento para el Liderazgo

La primera área o paso es la doctrina básica de la Biblia. Todos los cristianos evangélicos estarían de acuerdo en que la enseñanza de la Palabra de Dios es el fundamento de la vida del creyente nuevo. ¿Significa esto que el creyente nuevo debe tomar Teología Sistemática 1, 2, 3, 4, que toma cuatro años para completar? Ciertamente que no. Yo estudié Teología Sistemática en la universidad y en el seminario bíblico, pero como creyente nuevo necesité la leche de la Palabra de Dios; los principios básicos.

Un asistente al seminario me preguntó: «¿Qué tipo de doctrina bíblica debo cubrir en mi senda de entrenamiento?» Yo le dije que era importante incluir la enseñanza básica sobre Dios, el pecado, la persona de Jesucristo, la salvación, el Espíritu Santo y la iglesia. Le dije también que debía decidir si este curso inicial incluiría seis, nueve, o catorce lecciones. El número de lecciones en el primer manual dependería de cuánta doctrina bíblica su iglesia estima necesario para el nuevo creyente.

La segunda área, el desarrollo de la vida interior, enfoca en la vida devocional. La meta es ayudar a los nuevos creyentes a obtener el alimento por sí mismos. Este paso se resume en el refrán: «Déle un pescado a un hombre y lo alimentará para un día; enséñele cómo pescar y lo alimentará para toda la vida». El primer paso proporciona una comprensión básica de la enseñanza bíblica, mientras que el segundo paso ayuda al creyente nuevo a nutrirse a sí mismo de la Palabra de Dios. La enseñanza en esta etapa también debe tratar con la confesión de los pecados, el perdón, y los pasos para la libertad de las ataduras del pasado. Cristo quiere sanar todos los pecados y las cicatrices del pasado, y el manual para este paso debe cubrir estos temas. Los creyentes nuevos deben aprender que ellos tienen acceso directo al trono de Dios por medio de la sangre de Jesús.

La tercera área, la evangelización personal, le enseña a él o a ella, cómo compartir su fe. Todos los creyentes necesitan aprender a llevar a alguien más a Jesucristo. Esta etapa enseña el plan de salvación sistemáticamente, en un proceso gradual. Más allá de aprender el contenido de la presentación del evangelio, la persona debe aprender también a desarrollar una amistad con los que no son creyentes (por ejemplo, alcanzando sus contactos personales *–oikos*). La eficacia de la evangelización en grupos pequeños también es resaltada, y se imparte la enseñanza sobre la manera cómo funciona la célula, como un equipo para evangelizar a los que no son creyentes, y también proporciona la atmósfera ideal para ellos.

El área final trata sobre la manera cómo dirigir un grupo celular. El manual para esta etapa debe cubrir las enseñanzas básicas del ministerio celular, las dinámicas del grupo pequeño (por ej., cómo escuchar bien, un compartir transparente, etc.), cómo dirigir un grupo celular, y las características de los líderes piadosos. Me agrada enseñar este manual en una casa para dar la sensación de un grupo pequeño y dar al grupo la oportunidad de practicar las dinámicas del grupo pequeño. Este manual debe incluir la enseñanza sobre el orden ideal de una reunión celular (Bienvenida, Adoración, la Palabra, y Obras).

Principio #2: Provea pasos prácticos con el entrenamiento

Asegúrese que su entrenamiento sea práctico, y que usted tiene un paso de acción para cada paso de su entrenamiento. Yo he incluido cuatro pasos de acción básicos que podrían ser incluidos en una senda de capacitación de cuatro pasos.

- ✔ Primer paso: Doctrina Básica

  Incluya el paso de acción del bautismo en agua

- ✔ Segundo Paso: Desarrollo Interior

  Incluya el paso de acción de tener un tiempo devocional diario

- ✔ La Evangelización Personal

  Incluya el paso de acción de dar testimonio e invitar a un no cristiano al grupo celular

- ✔ Entrenamiento para el Liderazgo

  Incluya el paso de acción de dirigir un grupo celular

Más allá de completar los pasos de acción anteriores, todos los que toman el entrenamiento deben estar involucrados activamente en un grupo celular. Por esta palabra «activamente», quiero decir dirigir varias actividades en el grupo celular. Si usted usa las cuatro W (en inglés, *Welcome*, *Worship*, *Word*, *Works*, o sea, Bienvenida, Adoración, la Palabra y Obras), el aprendiz debe dirigir cada W bajo la supervisión del líder de la célula. Un mes, por ejemplo, el aprendiz podría dirigir el tiempo de Bienvenida, otro mes el tiempo de Adoración, etc.

PRINCIPIO #3: PREPARE UN SEGUNDO NIVEL DE ENTRENAMIENTO PARA LOS LÍDERES CELULARES

Muchas iglesias celulares caen en la trampa de complicar demasiado el primer nivel de entrenamiento. Estas iglesias tratan de poner demasiados pasos de entrenamiento en el primer nivel y los líderes celulares potenciales nunca llegan al punto de realmente dirigir un grupo celular.

Mi consejo es que se divida su entrenamiento en por lo menos dos niveles. El primer nivel debe incluir las cuatro áreas básicas o pasos (cada área generalmente está incluida en un manual). Es importante que el primer nivel no sea demasiado complicado y permita una rápida preparación de los líderes celulares. El segundo nivel provee más entrenamiento para los líderes celulares (el segundo nivel de entrenamiento es sólo para los que están dirigiendo un grupo celular).

El Centro Cristiano Little Falls en África del Sur ha desarrollado un sistema de capacitación ejemplar. Su primer nivel es claro, conciso, y entrena rápidamente a los creyentes nuevos para entrar en el liderazgo celular. En 1999, 970 personas hicieron este primer nivel y pudieron eliminar la escasez de líderes celulares en su iglesia. Este Centro Cristiano tiene también un segundo nivel de entrenamiento para los que están dirigiendo un grupo celular. El segundo nivel agrega alimento bíblico y espiritual para los que más lo necesitan –los soldados en la línea del frente.

La Iglesia Puerta de Esperanza (pastor Al Woods) es otro gran ejemplo del entrenamiento del segundo nivel. Esta iglesia ha desarrollado una senda de entrenamiento para el liderazgo para los líderes celulares y los pastores de zona (los supervisores de 3-6 células).

En el segundo nivel, usted podría agregar otros cursos doctrinales, un curso de guerra espiritual, la enseñanza de los dones espirituales, etc. Hay mucho espacio para la creatividad y muchos cursos y materiales excelentes. Una iglesia celular decidió usar la enseñanza teológica por extensión de su denominación para este segundo nivel. Los líderes celulares merecen un tratamiento especial debido a su papel importante, fundamental, en la iglesia. Mi consejo es que se les trate como a los reyes. Ofrézcales toda la ayuda y el entrenamiento que necesitan para ser eficaces.

Algunas iglesias celulares ofrecen incluso un tercero y cuarto nivel de entrenamiento, que conduce al ministerio pastoral. La Iglesia Bautista Comunidad de Fe ofrece un programa de entrenamiento extenso para preparar a los líderes de un mayor nivel (por ejemplo, los pastores de zona). El Centro de Oración Mundial Betania organiza una Escuela Bíblica de tres años en su propio edificio. Ninguna de estas iglesias requieren una educación mayor para el liderazgo celular -sencillamente está allí para los que se sienten llamados al ministerio en forma permanente (y que han tenido éxito dirigiendo y multiplicando su grupo celular).

PRINCIPIO #4:
USE SOLAMENTE UNA SENDA DE CAPACITACIÓN

Mientras usted permita que haya flexibilidad en la metodología del entrenamiento (próximo principio), usted debe tener sólo una senda de entrenamiento. Después de decidir en una senda de entrenamiento para toda la iglesia (lo ideal es un primer y un segundo nivel), una iglesia debe exigir que todos los futuros líderes reciban el mismo entrenamiento. Esto asegurará que:

- Todos los futuros líderes celulares sean entrenados bíblica y espiritualmente.
- Todos estén preparados para evangelizar y dirigir una célula.
- Todos estén en el mismo nivel que los líderes de la iglesia.
- Todos entiendan la visión de la iglesia.

Para garantizar el éxito a largo plazo, usted debe asegurarse de que todos los líderes futuros pasen por el mismo proceso y que reciban el mismo entrenamiento.

PRINCIPIO #5:
NO HAY UNA METODOLOGÍA ÚNICA PARA IMPLEMENTAR SU ENTRENAMIENTO

Algunos creen que la única manera de entrenar a los nuevos creyentes es de uno en uno. Otros discrepan y entrenan a los creyentes nuevos en un grupo. Durante un seminario mencioné que nuestra iglesia generalmente entrena a los nuevos creyentes en un grupo. Una persona meneó la cabeza con escepticismo y dijo: «¿Pero no es que el discipulado uno por uno en el grupo celular es la única manera verdadera de capacitar a los creyentes nuevos?» Yo le recordé que aun Jesús no usó siempre el modelo de un discipulado uno por uno. Él entrenó a los doce en un grupo.

No confunda la metodología para el entrenamiento (dónde o cómo entrena a las personas) con la senda de entrenamiento (los pasos para el entrenamiento). De mi estudio de las iglesias celulares que crecen más rápidamente alrededor del mundo, he notado una gran variedad de metodologías para implementar el modelo de entrenamiento (por ej., discipulado uno en uno, uno con dos o tres, entrenamiento después del grupo celular, seminarios, clases, retiros, o una combinación de todos ellos). En el capítulo anterior resalté el hecho de que tanto el Modelo de Entrenamiento en Grupo y el Modelo Celular funcionan bien. La Iglesia Bautista Colonial Hills utiliza el método de entrenamiento en grupo en el formato de un seminario. El Centro de Oración Mundial Betania, por otro lado, comienza el entrenamiento dentro de la célula utilizando el modelo del discipulado de uno a uno. El entrenamiento en Betania luego diversifica en una variedad de modelos. No se ponga demasiado rígido en la metodología que utiliza.

PRINCIPIO #6: ENTRENE A TODOS PARA QUE LLEGUEN A SER LÍDERES CELULARES

El ideal es que todo creyente nuevo en la iglesia empiece inmediatamente a asistir a un grupo celular y comience la senda de entrenamiento. En realidad, a veces tarda un poco más de tiempo. Sin embargo, cuanto más una iglesia cierra el espacio entre el ideal y la realidad, tanto más eficaz será. Nosotros no presionamos a los que se niegan a entrar en nuestro entrenamiento para llegar a ser líderes celulares, pero constantemente estamos promoviéndolo (tanto al nivel celular y al nivel de la celebración). Los que desean seguir la visión de la iglesia entran en el entrenamiento para llegar a ser líderes celulares.

Principio #7:
Ajuste continuamente y mejore el entrenamiento

Usted debe estar continuamente poniendo a punto su sistema de capacitación. La Iglesia Cornerstone, dirigida por el pastor Gerald Martin, ha estado trabajando en su modelo durante siete años. Dennis Wadley, un pastor en Santa Barbara, CA., dice que su senda de capacitación ha estado en un proceso de desarrollo durante tres años, mientras han estado creando y recreando las herramientas. Usted también necesitará adaptar, ajustar y mejorar su sistema de entrenamiento mientras reciba la retroalimentación de sus miembros.

Más de un modelo

En lugar de decirle cuál modelo creo ser el mejor, he mencionado los principios que le ayudarán a formar su propio sistema singular de capacitación. Analice y digiera los principios en este capítulo junto con los modelos presentados en el capítulo 11. Luego pase tiempo en la presencia de Dios mientras forma su propia senda de entrenamiento.

CAPÍTULO 13

MATERIALES PARA EL ENTRENAMIENTO DE LOS LIDERES CELULARES

Mientras vivía en Pasadena, California, aprendí los beneficios de pertenecer a un club automovilístico. Antes de hacer un viaje largo en mi vehículo, preguntaba primero a un obrero de un club automovilístico que me mostrara la mejor ruta a tomar. En pocos minutos yo sabía exactamente cómo llegar a mi destino. Luego yo podía disfrutar el paseo porque tenía anotado claramente las indicaciones para llegar bien.

Espero que los capítulos anteriores le hayan ayudado a determinar adónde quiere ir. Sin embargo, este libro no estaría completo sin sugerirle materiales específicos para ayudarle a llegar a su destino; para permitirle disfrutar el viaje.

MATERIALES ESPECÍFICOS

Las mejores sendas de capacitación resaltan algunos materiales excelentes. Los materiales en estas sendas de capacitación promueven las doctrinas básicas de la fe (junto con la visión específica de la iglesia), el desarrollo de la vida espiritual, la evangelización y el entrenamiento para el liderazgo. Son claros y concisos y no agobian al aprendiz.

Hay dos puntos principales a tener en cuenta al seleccionar el material para el entrenamiento para su iglesia celular. Primero, ¿es bíblico? ¿Refleja la doctrina pura «que una vez ha sido dada

a los santos?» Segundo, ¿tiene relación con la filosofía de su iglesia celular? En otros palabras, ¿el entrenamiento conduce a la conversión de todos los miembros en líderes celulares?

El Centro de Oración Mundial Betania ha desarrollado tres folletos llamados Cristianismo 101, Discipulado 201, y Liderazgo 301. Note la progresión. El primero cubre los fundamentos de la fe cristiana; cómo empezar a crecer en Jesús. El segundo va más hondo y ayuda a un creyente a vivir una vida cristiana victoriosa. El tercer folleto orienta al creyente con habilidades básicas para el liderazgo para dirigir un grupo celular eficazmente. Después de dirigir un grupo celular, Betania ofrece otro material adicional (tres años de preparación bíblica al nivel universitario).

La senda de capacitación de Ralph Neighbour ofrece varios folletos. Neighbour ha pasado la parte mayor de su vida perfeccionando los materiales para el entrenamiento en todos los aspectos de la vida celular –el desarrollo de un creyente nuevo, planes de estudios de la Biblia, entrenamiento para la evangelización, los dones del Espíritu, guerra espiritual, y más–.[1] Se le dice al creyente desde el primer día que oportunamente él o ella estará dirigiendo un grupo celular.

La Misión Carismática Internacional, por ejemplo, usa tres libros principales escritos por César Castellanos llamados *Encuentro 1*, *Encuentro 2* y *Encuentro 3*. Los tres libros Encuentro se concentran en la doctrina de la Biblia, junto con la visión de la iglesia. La meta es equipar a los miembros de la iglesia para dirigir un grupo celular. Luego, cuando el estudiante empieza a dirigir un grupo celular, tiene a su disposición otros materiales de mayor nivel.

El Centro Cristiano Little Falls ha desarrollado sus propios materiales. Cada libro conduce a un aprendizaje de mayor nivel. La senda de capacitación comienza con el entrenamiento doctrinal básico en *«Bienvenida a Su Nueva Familia»*; luego el creyente nuevo recibe más discipulado de mayor profundidad en el *«Compañero del Equipo de Llegada»*; El folleto *«Alcanzando a los Perdidos»* prepara al líder potencial para evangelizar, mientras que el *«Manual de Capacitación del Líder Celular»* lo lanza para el liderazgo de una célula. Un manual de mayor profundidad aún, que se enseña en un retiro, acompaña a cada folleto. ¡El material conciso en el CCLF impulsa al aprendiz a dirigir un grupo celular en cuatro meses!

Nuestros propios materiales en la Iglesia de la República tienen esta misma claridad. Comenzamos con un curso sobre las verdades básicas de la Biblia que lleva a un curso llamado Panorama de la Biblia. Luego se le entrena bien al líder potencial en la evangelización. El cuarto y quinto manual antes de comenzar a dirigir una célula se llama *Liderazgo en la Iglesia Celular*. Por supuesto, el aprendiz está ejercitando sus músculos espirituales en el grupo celular mientras intenta completar diligentemente los cuatro manuales. Aunque nuestro entrenamiento normalmente toma nueve meses, es posible completarlo en seis. También ofrecemos entrenamiento de un mayor nivel para los líderes celulares; pero sólo para ellos. No seguimos educando a los que se pasan sentados sin progresar.

El material usado en la mayoría de las iglesias tradicionales es interminable. A menudo es un material maravilloso, pero no lleva a un destino específico. Debido al enfoque en una educación general, no existen límites a lo que hay que aprender y la persona que está siendo educada no tiene una dirección concreta.

MATERIALES DE LAS IGLESIAS CELULARES ALREDEDOR DEL MUNDO

La mayoría de las iglesias celulares alrededor del mundo han desarrollado sus propios materiales. Usted puede aprovechar de sus experiencias. Recuerde las palabras del experto en cuestiones de liderazgo Tom Peters: «Los mejores líderes... son los que mejor "toman nota de lo que se enseña", los que mejor "preguntan", los que mejor aprenden. Ellos son ladrones desvergonzados».[2] Peters recomienda el título: *Swiped from the Best With Pride* (Arrebatado de los Mejores con Orgullo).[3] Alguien ha dicho que el «plagio» es copiar el material de una persona mientras que la «investigación» es recopilar los materiales de muchos. Escribiendo más en serio ahora, el plagio es un pecado y la ley nos prohíbe que fotocopiemos completamente el material registrado como propiedad de otra persona. No obstante, podemos usar sus ideas y sintetizarlas junto con las nuestras.

La Iglesia de Clearpoint en Houston, Texas (pastor Blake McKenzie), ha tomado lo mejor de la Iglesia Comunidad de Saddleback, Ralph Neighbour, el Centro de Oración Mundial Betania y de otros que son eficaces en la capacitación de los creyentes.

La Iglesia de Dios de Long Reach (pastor Bob Davis) ha elegido para su uso «El Año de Capacitación» por Ralph Neighbour. Ellos han seguido el formato básico para el Encuentro de Liberación (Victoria), Formaciones Espirituales y el Fin de Semana Tocando Corazones.

La Misión Carismática Internacional tomó prestado mucho de otra iglesia celular en Guatemala llamada la *Fraternidad Cristiana de Guatemala*.[4] El Centro Cristiano de Guayaquil tomó prestado los conceptos de Neighbour, la Iglesia Elim y la Misión Carismática Internacional. El Centro Cristiano Little Falls tomó lo mejor de Neighbour y luego lo sintetizó en cuatro folletos y ma-

nuales.[5] Nosotros hemos hecho lo mismo en nuestra propia iglesia. Yo recomiendo el siguiente proceso:

1. Obtenga copias de otro material de capacitación

Investigue lo que otros tienen. Obtenga copias del material de las mejores iglesias celulares, por ejemplo, el Centro de Oración Mundial Betania, y otras iglesias celulares que aparecen en este libro (he proporcionado una lista de correos electrónicos y números de teléfono en las notas al final del libro).[6] La enseñanza de David Cho está ahora disponible en forma escrita, en una serie de cinco libros.[7] TOUCH Outreach Ministries proporciona los materiales excelentes desarrollados por Neighbour.

2. Pruebe el material

Después de recibir los materiales de varias fuentes, revise esos materiales y pruébelos para determinar cuáles son los que mejor se adaptan para su iglesia. Algunos materiales funcionan mejor en las iglesias con más educación, mientras que otras están diseñadas para capacitar a los que tienen menos estudios. También querrá evaluarlos desde el punto de vista teológico para asegurarse de que están de acuerdo con las creencias de su iglesia.

3. Escuche a Dios y adapte

Lo más importante es que escuche a Dios. Descubra qué es lo mejor para su propia iglesia particular y su contexto. Usted querrá incluir en sus materiales su inclinación doctrinal específi-

ca. Dios ha estado trabajando singularmente en su propia situación. Adapte estos materiales según sus propias necesidades.

USANDO UNA COMBINACIÓN DE MATERIALES

Muchas iglesias celulares, mientras están en el proceso de desarrollar sus propios materiales usan los materiales de otros. La Iglesia Bautista Comunidad de Fe usa los materiales de Neighbour para su «Año de Capacitación». He notado, sin embargo, que Lawrence Khong y otros pastores en la IBCF están escribiendo ahora su propios folletos.[8] La Iglesia de la Piedra Angular usan los materiales del «Año de Capacitación», los materiales de Neil Anderson, los materiales de la red de Bugbee, y sus propios materiales. Durante mucho tiempo el Centro de Oración Mundial Betania usó una serie de folletos de los Capacitadores Cristianos junto con sus propios materiales, pero ahora ellos han desarrollado los suyos.[9]

PRODUZCA SUS PROPIOS MATERIALES

Con el tiempo, la mayoría de las iglesias celulares establecen sus propios materiales porque se adecuan mejor. Dios ha hecho que su iglesia sea única, con convicciones y metodología particulares. Usted querrá reflejar esta singularidad en sus materiales.

CAPÍTULO 14

¿QUÉ DEJARÁ DETRÁS DE USTED?

Juan Wesley y George Whitefield eran predicadores famosos. Cada uno vivió durante el siglo XVIII y pertenecían al mismo club santo en la Universidad de Oxford. Ambos deseaban ganar un mundo perdido para Jesucristo y estaban ávidos por probar nuevos métodos para lograrlo. De hecho, George Whitefield predicó al aire libre antes que Juan Wesley. La mayoría cree que George Whitefield era mejor predicador que Wesley. Benjamín Franklin calculó en cierta oportunidad que Whitefield podría predicar fácilmente a una multitud de 30.000 personas (¡sin un micrófono!) Es posible incluso que probablemente Whitefield haya registrado más decisiones que Wesley por las grandes multitudes que atraía.

Sin embargo también había algunas diferencias importantes entre ambos. Al final de su vida George Whitefield dijo lo siguiente: «Mi hermano Wesley actuó sabiamente; las almas que se arrepentían bajo su ministerio, él los reunió en una clase, y así conservó los frutos de su labor. Esto yo lo descuidé, y mi pueblo es una soga de arena».[1]

Los historiadores que escribieron sobre estos dos hombres notaron que las labores de Whitefield murieron con él mientras que el fruto de Wesley siguió creciendo, aumentando y multiplicando. Wesley no dejó nada librado a la casualidad, sino que organizó el movimiento y lo puso bajo un liderazgo sistemático; Whitefield esperaba que los que habían sido «despertados» seguirían para llevar a buen término su iniciativa; Wesley levantó

un movimiento que producía líderes, mientras que Whitefield sólo producía conversiones.

A lo largo de este libro le he animado para actuar como Wesley, concentrándose en convertir a los miembros de su iglesia en líderes celulares dinámicos que producirán nuevos líderes celulares. Comience un movimiento y no tendrá que presidir sobre un monumento. Contemple su congregación con los ojos de un líder y luego asegúrese de tener una senda de entrenamiento para prepararlos. Dios quiere usarlo para ubicar, entrenar y liberar a una multitud de líderes.

APÉNDICE A

ROLES Y FUNCIONES DEL LIDERAZGO

La Iglesia del Pleno Evangelio Yoido fundó y continúa modelando la estructura Jetro. En resumen, la Estructura Jetro de Cho está organizada geográficamente y los líderes principales usan títulos geográficos: pastor de distrito, pastor de zona, líder de sección y supervisor de sección.

Este modelo geográfico se usa con gran eficacia hoy día. La Iglesia Elim en San Salvador, El Salvador, por ejemplo, aventaja en el «toque de alto nivel» con la supervisión de los líderes principales. ¡Todas las semanas los supervisores de zona, los pastores de zona y los pastores de distrito visitan dos grupos celulares por semana! Los pastores de zona se reúnen semanalmente con los supervisores y los líderes celulares para enseñarles la lección semanal, para que ellos a su vez puedan enseñarla a sus grupos. Se transmiten estímulo, motivación y visión durante estas reuniones.

La Estructura Jetro

MINIMIZA LAS DIVISIONES Y EL ERROR DOCTRINAL

Cuando doy los seminarios celulares, yo sé por experiencia que alguien me preguntará acerca del peligro del error doctrinal por medio del ministerio celular. «Con tantas reuniones independientes en las casas, ¿no han de surgir herejías y divisiones?» Es un temor común que el ministerio celular lleve a las divisio-

nes, herejías y caos. Cuando me hacen estas preguntas, yo me encuentro reafirmando la Estructura Jetro; la de una estrecha supervisión en la iglesia celular.

Una iglesia celular estrechamente supervisada no tendrá que preocuparse mayormente de las divisiones. Neighbour dice: «En todos los años en los que he pastoreado una iglesia de grupos celulares nunca experimenté una sola vez que un grupo rebelde se dispusiera a independizarse y atacara a los líderes. Raramente sucede, y entonces sólo cuando las líneas de comunicación son pobres».[1] Galloway agrega: «Mi testimonio es que comparado con los grupos saludables y exitosos, los enfermos han sido muy pocos en número. Por cierto, no son suficientes para amenazarme como para que por mi propia inseguridad yo detenga esta poderosa obra de Dios en nuestro medio».[2]

PARTICIPACIÓN ACTIVA DEL LIDERAZGO SUPERIOR

Las iglesias celulares no surgen por encima de la visión de sus pastores principales. Todas las ocho iglesias que investigué eran dirigidas por pastores titulares totalmente comprometidos con la filosofía de la iglesia celular. Ellos condujeron sus iglesias a través de la confusión inicial a una filosofía claramente basada en células. Estos pastores creían en la ventaja de delegar, pero se negaron a delegar la visión de la iglesia celular. William Beckham dice:

> Delegar es un principio importante en la iglesia celular... Pero –¡la visión y el ejemplo no pueden ser delegados!– Los líderes principales de la iglesia deben lanzar la visión y establecer el ejemplo de vida en una comunidad cristiana

básica durante la fase del Prototipo (el comienzo del ministerio celular en la iglesia). El líder titular debe establecer el modelo de la comunidad en la que él espera que todos los demás vivan. Si los líderes no tienen el tiempo para vivir juntos en la vida celular, ¿cómo pueden esperar que los miembros lo hagan?[3]

Los pastores titulares deben estar prácticamente involucrados en el ministerio celular. Mario Vega, el pastor titular anterior en la Iglesia Elim, sigue activamente involucrado en el ministerio celular. En la Iglesia Elim, los pastores de distrito, los pastores de zona, y supervisores visitan semanalmente una reunión de planificación el jueves por la noche y una reunión celular el sábado por la noche. ¿Por qué? Para estar al día en cuanto al ministerio celular. Los pastores titulares deben ser los principales apoyos de los líderes celulares. Como dice Larry Stockstill: «La gente siempre estará interesada en aquello que es del interés del pastor titular». Stockstill se asegura de estar íntimamente involucrado en el ministerio celular.

En la Iglesia de la República en Quito, Ecuador, todos los directores dirigen sus propios grupos celulares –incluyendo a Porfirio Ludeña, el pastor titular–. Yo personalmente dirijo mi propio grupo celular todos los jueves por la noche. Yo no quiero simplemente hablar y escribir sobre el ministerio celular, debo experimentarlo. Una cosa es escribir un libro sobre la multiplicación. Pero ¿puedo multiplicar mi propio grupo celular?[5] Los líderes principales no deben perder contacto con los que están en las trincheras.

La iglesia Elim: Roles y funciones del liderazgo

El mayor principio con respecto al liderazgo en la Iglesia Elim es que todos los líderes deben estar en la batalla. Nadie está exento.[6] La IE se asegura de que los líderes principales están al tanto de lo que está sucediendo prácticamente en el ministerio celular.

El pastor de distrito, una persona del personal pago, es responsable de todo su distrito. Cada pastor de distrito tiene aproximadamente 675 grupos bajo su cuidado y unas 14.500 personas. El pastor de distrito trabaja principalmente con sus doce pastores de zona para cuidar el distrito. Generalmente está involucrado en la predicación (incluyendo el domingo por la mañana) y administrando las ordenanzas para su distrito particular.

El pastor de zona, una persona del personal pago, supervisa a los supervisores bajo su cuidado. Podría tener entre quince y treinta supervisores bajo su cuidado. Por esta razón no es raro que un pastor de zona sea responsable por cien grupos y entre 1.000 y 1.500 personas. El pastor de zona visita a sus supervisores y líderes celulares, predica durante el culto a la mitad de la semana, y administra las ordenanzas en su zona.[7] El papel del supervisor no es un puesto pago en la IE, pero puede ser un trabajo de tiempo completo.[8] Las mujeres pueden ser supervisores pero sólo sobre grupos de mujeres.

En la IE cada líder tiene sólo un grupo. La meta del líder de la célula es multiplicar dicho grupo, lo cual consigue desarrollando su equipo celular. El líder de la célula intenta delegar tareas a todos los miembros del equipo, para que ellos a su vez estén preparados finalmente para el liderazgo celular.

Iglesia Amor Viviente: Roles y funciones del liderazgo

Las funciones de los líderes son muchas y variadas en la IAV. A continuación hallará algunas de las responsabilidades más importantes de los líderes celulares claves.

El pastor titular supervisa todo el ministerio celular. Él trabaja con el director de la célula para confirmar las metas y para planificar para el futuro. Él también está disponible para hablar a los líderes celulares cuando lo llaman. Por su mayor parte, sin embargo, él no está involucrado directamente con el ministerio celular semanalmente.

Aunque el pastor titular es la cabeza oficial del ministerio celular, el director del ministerio celular es el que hace la mayor parte del trabajo. Esta persona pastorea los superintendentes de distrito, supervisa los líderes de cada distrito y coordina todas las actividades del ministerio celular. A partir de noviembre de 1996 él era el único con un sueldo por el trabajo de tiempo completo.

El superintendente de distrito supervisa uno de los cuatro distritos geográficos. A partir de noviembre de 1996 cada superintendente tenía casi 200 grupos celulares bajo su cuidado. Él supervisa a los líderes de zona dentro de su distrito (el promedio de siete zonas por distrito), se asegura que cada zona esté participando en las actividades de la iglesia, y que las metas de la iglesia se estén cumpliendo. El superintendente de distrito no visita los grupos celulares.

Cuando fui de visita en noviembre de 1996 había veintisiete zonas y líderes de zona en la IAV. Cada zona es dividida en áreas que son cuidadas por los supervisores. El trabajo principal del líder de zona, por consiguiente, es asegurarse de que los supervisores del área estén creciendo en el Señor, fortaleciendo los

grupos bajo su cuidado y cumpliendo las metas del ministerio celular.[9]

Parece que la posición del supervisor de zona es uno de los más vitales en la IAV. Esta persona trabaja individualmente con los equipos de los líderes celulares, y visita regularmente los cinco grupos celulares bajo su cuidado. El supervisor de zona debe asegurar que cada grupo celular tenga un equipo de líderes que funcione y que cada grupo esté participando en las distintas actividades de la iglesia.

El líder celular es responsable del cuidado del grupo celular. Sin embargo, en este sistema, él no está solo. El equipo de líderes lo acompaña. Por consiguiente, el líder celular debe dirigir el equipo de líderes y el grupo celular.

El equipo de líderes es la unidad más fundamental en la IAV. Consiste en tres miembros principales y dos miembros en general. Los miembros del equipo incluyen al líder, el ayudante (preparando para dirigir el próximo grupo celular), el tesorero (cuenta el dinero y lo entrega a la iglesia todas las semanas),[10] y dos miembros en general (que intervienen en el proceso de la planificación, sirven como suplentes y se preparan para cumplir con una de las posiciones en el nuevo grupo celular). En la IAV cualquier miembro del equipo de líderes puede cumplir cualquier papel en el grupo de crecimiento (por ej., dirigir la lección, dirigir la adoración).

Iglesia del Pleno Evangelio Yoido: Roles y funciones del liderazgo

Hay varios niveles de liderazgo en la IPEY. Por un lado los líderes principales se reúnen al nivel celular; por otro lado, los ro-

les de los líderes funcionan alrededor del paradigma del diácono-anciano. Cho, por supuesto, es el supervisor. Él escribe:

> Mi trabajo no consiste en ir visitando de casa en casa y ganar almas individualmente. Mi tarea es la de supervisar el Sistema Celular. Yo delego mi ministerio totalmente a mis socios y a mis líderes celulares. Mi función es dirigir el instituto de entrenamiento y el programa de entrenamiento.[11]

A partir de marzo de 1995, había 2.990 diáconos mayores, 21.169 diáconos menores, 3.712 diaconisas mayores, 54.596 diaconisas menores, y 919 ancianos. Esto puede ser confuso porque hay dos ramas de líderes en la IPEY. Una funciona a través del sistema celular (algunos son personal pago), mientras que la otra es la de los líderes laicos voluntarios que trabajan con, pero fuera, del sistema celular. Al principio pensé que eran entidades separadas, pero sí parece que existe una superposición. El pastor de distrito Yangbae Kim escribe:

> Cada subdistrito tiene de 1 a 5 ancianos, de 15 a 25 diáconos y diaconisas mayores, de 15 a 20 líderes de sección y de 80 a 100 líderes celulares. Los ancianos supervisan el subdistrito y las células de los hogares, ayudando a los pastores de los subdistritos. Las diaconisas mayores están bien distribuidas en las células en los hogares.[12]

De esta cita parece que los ancianos y los diáconos mayores en realidad supervisan los distritos. ¿Podría haber conflictos de autoridad? El pastor Lee me aseguró que varios líderes se someten los unos a los otros.

Iglesia de la Comunidad Nueva Esperanza: Roles y funciones del liderazgo

La Iglesia de la Comunidad Nueva Esperanza promueve tres niveles distintos de papeles de liderazgo. El primer nivel es el del aprendiz. Todos comienzan en este nivel que dura aproximadamente noventa días. El aprendiz debe asistir a las sesiones de entrenamiento semanales continuadas y debe recibir vigilancia íntima por el Pastor Distrito. El segundo nivel es el del Pastor Laico. El pastor laico funciona como un líder de célula, pastoreando la grey bajo su cuidado. El tercer nivel es el del Pastor Titular Laico. Éstos son los líderes de célula que han entrenado nuevos líderes y han multiplicado sus grupos celulares. Todos son estimulados a alcanzar este nivel.[13]

La Misión Carismática Internacional: Funciones del liderazgo

MCI rompe el molde de la iglesia celular tradicional. Esta iglesia ha decidido largarse con lista propia. Todo su sistema celular se centra en el concepto de los doce.

En este sistema, no hay necesidad por una estructura administrativa elaborada que se encuentra en la mayoría de las iglesias celulares (enormes oficinas de distrito, mapas y casillas de correo para cada líder celular). Más bien, el sistema celular funciona eficazmente al nivel básico. Es muy simple. Cada líder es estimulado a encontrar a otros doce. Después que cada uno de esos doce está activo dirigiendo un grupo celular, él o ella pasan la mayor parte de su tiempo cuidando ese grupo de doce (visitando sus grupos celulares, llamándolos, etc.). El líder de doce espera que todos sus doce encontrarán oportunamente sus propios líderes y que también llegarán a ser líderes de doce.

Aplique los principios

Cualquiera que sea el sistema que usted use, asegúrese que funcione para usted. Opte por la simplicidad en lugar de la complejidad. Los papeles y funciones celulares de las iglesias investigadas se desarrollaron con el tiempo. Ellos empezaron con estructuras simples, pero requirieron más complejidad cuando sus números aumentaron por encima de la marca de 5.000. Si usted tiene 100 personas en su iglesia y diez grupos celulares, planifique conforme a esto los papeles del liderazgo celular.

El modelo jerárquico de Cho, basado en un paradigma geográfico, todavía es el modelo dominante en la iglesia celular hoy día. Ese modelo, sin embargo, está cediendo al paradigma G-12 de la iglesia de MCI en Bogotá, Colombia. Cuatro de las ocho iglesias que investigué ahora usan este nuevo paradigma (CCG, COMB, IAV y MCI).

Dios no nos exige que sigamos moldes y métodos. Simplemente porque funcionó en Bogotá no significa necesariamente que funcionará en su iglesia. Dios nos pide que entendamos los principios detrás de los métodos, para que podamos aplicarlos a nuestros propios contextos y ministerios.

APÉNDICE B

REQUISITOS PARA EL LIDERAZGO EN VARIAS IGLESIAS CELULARES

LA MISIÓN CARISMÁTICA INTERNACIONAL: REQUISITOS PARA EL LIDERAZGO

En MCI, el líder de una célula debe ser bautizado en agua y con el Espíritu Santo, y debe cumplir los deberes de número de miembros de la iglesia (ej. que asiste a la iglesia principal, diezmando, y demostrando fidelidad a la iglesia).[1]

REQUISITOS PARA EL LIDERAZGO EN MCI

1. Bautizado en agua y con el Espíritu Santo
2. Cumpla los deberes de número de miembros de la iglesia (ej. asistiendo a los cultos principales de la iglesia, diezmando, y demostrando fidelidad a la iglesia).
3. Retiro de Encuentro
4. Curso de entrenamiento de tres meses para el liderazgo
5. Segundo Retiro de Encuentro

Repetidamente se enfatiza la necesidad de vivir una vida santa junto al mantenimiento de una vida familiar piadosa. Los líderes principales no dudan de quitar a las personas que no están viviendo vidas piadosas. Repetidamente escuché historias de líderes que eran quitados porque estaban viviendo en pecado o estaban en el ministerio por causa de su talento, en lugar de su compromiso con Cristo. También supe de varios líderes que fue-

ron alejados o advertidos fuertemente por tener un «espíritu de orgullo». Ellos no se sometían a los líderes responsables.

Los líderes juveniles multiplican su grupo celular para permanecer en el liderazgo. Un ejemplo de esto es el del baterista al cual le dieron un mes para multiplicar su grupo celular o renunciar. Supuestamente, él estaba en el liderazgo debido a su talento y no porque su corazón estuviera en el ministerio. Él renunció. Recuerdo que Juan Wesley no dudó en quitar los líderes de «clase» si ellos no estaban viviendo en santidad.

Cristiano Centro de Guayaquil: Requisitos para el liderazgo

Los requisitos para el liderazgo en CCG incluyen la salvación, el bautismo en agua, la asistencia a un grupo celular, y realización del curso de entrenamiento para líderes celulares de cuatro semanas. Aunque es una iglesia de las Asambleas de Dios, no era imprescindible que el líder celular hable en lenguas. Según un manual distribuido en la conferencia 1997 de CCG, los requisitos para un líder celular en CCG son:[2]

REQUISITOS PARA EL LIDERAZGO EN CCG

1. Bautismo en agua
2. Membresía (Fidelidad en el tiempo y ofrendas en CCG)
3. Formar parte del equipo de liderazgo del grupo celular
4. Asistir al curso de liderazgo para los líderes celular
5. Una vida cristiana piadosa
6. Mantener una vida familiar piadosa

El Centro de Oración Mundial Betania: Requisitos para el liderazgo

Todos los líderes celulares deben cumplir los siguientes requisitos antes de entrar en el liderazgo en COMB.[3]

REQUISITOS PARA EL LIDERAZGO EN COMB

1. Ser salvo y ejemplificar una fuerte vida cristiana	**6. Completar todos los requisitos para el discipulado y el liderazgo**
2. Ser un miembro fiel del Centro de Oración Mundial Betania durante seis meses, y estando sometido al liderazgo en Bethany	**7. Si es casado, su cónyuge debe estar de acuerdo con su trabajo en el Ministerio de Grupo Touch**
3. Ser un miembro del Grupo Touch en COMB	**8. Ser recomendado por el líder de la célula para ser líder celular**
4. Ser bautizado en el Espíritu Santo	**9. Ser entrevistado por el Pastor de Distrito/Zona**
5. Ser un diezmador fiel de sus ingresos al Señor	**a. Evaluación DISC** **b. Disfrutar Sheet/dones espirituales** **c. Análisis de su archivo para el Liderazgo**

El Pastor Distrito acepta la solicitud para el liderazgo. Más allá de estos requisitos básicos está el entrenamiento de los líderes celulares, lo cual ha sido discutido previamente.

Iglesia de Elim: Requisitos para el liderazgo

Los requisitos para el liderazgo son mínimos en IE. Incluyen seis meses de ser un Cristiano, membresía en un grupo celular,

el bautismo en el Espíritu Santo, bautismo en agua, y realización del entrenamiento para líderes de cuatro semanas.

REQUISITOS PARA EL LIDERAZGO EN IE

Requisitos
1. Seis meses de ser un Cristiano
2. Miembro en un grupo celular
3. Bautismo en el Espíritu Santo
4. Bautismo en agua
5. Realización del entrenamiento para líderes de cuatro semanas.

El requisito más difícil después de entrar en el liderazgo celular es el compromiso con el tiempo. Yo calculé que el líder celular (al igual que el supervisor) debe asistir a cinco reuniones por semana.[4] Además de eso hay otros compromisos tales como la visitación, vigilias de oración de toda la noche, días de ayuno y los informes estadísticos semanales.[5]

Iglesia Bautista Comunidad de Fe: Requisitos para el liderazgo

Requisitos previos al liderazgo

Todos los líderes potenciales deben pasar varias barreras antes de acceder al liderazgo celular. El proceso se llama el «año de capacitación», pero me imagino que podría requerir más de un año. Otro nombre para el entrenamiento en IBCF es el Sistema de Estaciones para la Capacitación Touch (TESS en inglés por *Touch Equipping Stations System*). El folleto TESS de 1997 declara lo siguiente:

El término «Estaciones para Capacitación» subraya un aspecto importante de la filosofía de entrenamiento de IBCF. El proceso de capacitación adoptado por IBCF se asemeja a un sistema del metro donde los conmutadores entran y salen de las estaciones a lo largo de una línea particular para alcanzar el destino que tenía en mente. Nadie se queda en determinada estación por mucho tiempo. De igual modo, TESS tiene un fin muy claro en mente –capacitar a los miembros de IBCF para el ministerio–. Un miembro va a determinada estación con un propósito muy específico y sale de allí en cuanto haya sido capacitado para ese propósito. Él no va a otra estación de capacitación hasta que necesite recibir una capacitación adicional para el ministerio.

Recomendación por el líder celular

Éste es el primer requisito. El líder de la célula debe recomendar al líder celular potencial. Los líderes celulares están buscando a las personas FDSE (fieles, disponibles, sumisas, y educables).

Entrenamiento pasante para el líder celular

Este curso dura nueve semanas y generalmente es enseñado por el Pastor de Zona. El curso es acerca de la iglesia celular, la agenda de la célula, el tiempo de adoración en la célula, el tiempo para la Palabra en la célula y el tiempo de trabajos en la célula, la vida de la célula, la oración y el liderazgo. Un líder celular potencial debe completar este curso antes de llegar a ser oficialmente un líder celular.

PASANTÍA DURANTE SEIS MESES

Después que el aprendiz completa el entrenamiento básico de nueve semanas, él o ella deben servir como pasantes del líder celular durante seis meses antes de llegar a ser oficialmente el líder de la célula. Cuando el grupo multiplica, el pasante está entonces listo para hacerse cargo del nuevo grupo. En el pasado (1993) ellos le pedían a los líderes que se quedaran en su lugar hasta que la célula multiplicara dos veces, pero no oí que este requisito fuera mencionado cuando yo estaba presente.

REQUISITOS PARA EL LIDERAZGO EN IBCF

1. Requisitos Previos al Liderazgo («año de capacitación»)
2. Recomendación por el Líder Celular
3. Entrenamiento de Aprendiz de Líder Celular (nueve semanas)
4. Pasantía durante seis meses

IGLESIA AMOR VIVIENTE: REQUISITOS PARA EL LIDERAZGO

Si uno decide estar involucrado en el ministerio celular, él o ella debe ser un cristiano durante dos años, ser un miembro asistiendo regularmente a un grupo celular durante un año, ser primero el líder celular auxiliar, ser bautizado en agua y en el Espíritu, pasar por una entrevista con el supervisor de distrito, alistarse en el entrenamiento para el discipulado, y tener la disposición apropiada (por ej.: actitudes correctas, buen testimonio, sumisión a la autoridad).

Nada se hace apresurada o caprichosamente en IAV. Posiblemente, es por esta razón que los grupos celulares han experimentado un crecimiento consistente. A diferencia de otros ministerios celulares en los que los líderes tienen a menudo dos o más grupos, en IAV cada líder puede dirigir sólo un grupo.[6]

REQUISITOS PARA EL LIDERAZGO EN IAV

1. Cristiano durante dos años
2. Ser miembro normal de un grupo celular durante un año
3. Funcionar como líder celular auxiliar
4. Bautismo en agua y en el Espíritu
5. Pase la entrevista con el supervisor distrito
6. Alistarse en el entrenamiento para el discipulado
7. Disposición apropiada (por ej.: actitudes correctas, buen testimonio, sumisión a la autoridad).

Iglesia del Pleno Evangelio Yoido: Requisitos para el liderazgo

Hay varias calificaciones para llegar a ser un líder celular. El pastor de Distrito Yangbae Kim escribe: «Las calificaciones para llegar a ser un Líder Celular en los Hogares son la asistencia normal a los cultos de la iglesia, la entrega de los diezmos, la llenura del Espíritu Santo y una postura devota». En una entrevista en profundidad con el pastor de Distrito Song Ho Lee, aprendí que un líder potencial debe asistir primero a la iglesia por más de tres años, ser bautizado en agua y en el Espíritu (con la evidencia de hablar en lenguas), y asistir fielmente a los cultos de adoración.[7]

También es muy interesante lo que me dijo, y es que no hay ningún requisito educacional específico para los líderes celulares. Yo aprendí que el entrenamiento educativo en IPEY es para todos. El pastor Lee me dijo que se prefiere que todos los líderes celulares potenciales reciban la educación cristiana en IPEY, pero que no era obligatorio para llegar a ser un líder.

REQUISITOS PARA EL LIDERAZGO EN IPEY

1. Asistencia normal a los cultos de la iglesia
2. Diezmador fiel
3. Llenura del Espíritu Santo
4. Postura devota
5. Asistencia a la iglesia durante tres años mínimos
6. Bautismo en agua y en el Espíritu (con la evidencia de hablar en lenguas)

IGLESIA COMUNIDAD NUEVA ESPERANZA: REQUISITOS PARA EL LIDERAZGO

Todos los líderes en la Iglesia Comunidad Nueva Esperanza firman un contrato renovable de un año para servir tanto como líder de grupo y como pastor laico. El requisito del tiempo para un líder típico en ICNE es de seis a ocho horas por semana. Hunter escribe:

> Los pastores laicos y los ayudantes de los pastores laicos deben tomar primero un fin de semana de entrenamiento antes de asumir el liderazgo de algún grupo. En cuanto se involucran como líderes, se espera que asistan a una re-

unión semanal para líderes, donde se entregan los informes de la reunión de la semana anterior, estudian la lección para la siguiente reunión de grupo, y reciben entrenamiento adicional en el ministerio laico y el liderazgo de los grupos pequeños.[8]

La Iglesia Comunidad Nueva Esperanza espera que sus líderes archiven los informes semanales y que también asistan a las reuniones de entrenamiento.[9] A continuación están los doce requisitos que la ICNE le pide a sus líderes.[10]

REQUISITOS PARA EL LIDERAZGO EN ICNE

1. Consistencia y compromiso de dirigir un estilo de vida cristiano
2. La visión y lealtad a la iglesia
3. Dependencia y responsabilidad (hacia otro) en el liderazgo
4. Un andar consistente con el Espíritu Santo
5. Participante normal o líder de un grupo pequeño
6. El compromiso de asistir a la reunión de entrenamiento semanal de los pastores laicos (ellos tienen seis o siete programas de entrenamiento semanales diferentes todas las semanas)
7. Compromiso de usar la insignia del pastor laico el domingo
8. Discipulado de los que pasan al frente durante los cultos de la celebración
9. Trabajo fiel y diligente todas las semanas
10. Ser miembro de la iglesia
11. Fidelidad en los diezmos para la iglesia
12. Mantener una vida familiar sólida

NOTAS

INTRODUCCIÓN

1. Gwynn Lewis, «Bombas de Tiempo que Matan una Célula», *CellChurch Magazine*, Verano 1995, p. 10.
2. Guía del Aprendiz del Líder Celular (Houston, TX: Touch Publicaciones, Inc., 1995), p. 101.
3. Jim Egli, «Los Diez Mandamientos de las Transiciones», *CellChurch Magazine*, Verano, 1996, p.14.
4. La mayoría de los libros sobre el Liderazgo Cristiano están de acuerdo en que el liderazgo significa tener influencia. El Dr. Bobby Clinton define el liderazgo de la siguiente manera: «Un líder, según lo define el estudio del liderazgo bíblico... es una persona con una capacidad dada por Dios y con una responsabilidad dada también por Dios que está influyendo en un grupo específico del pueblo de Dios hacia los propósitos de Dios para el grupo» (Perspectivas del Liderazgo (Altadena, CA: Publicaciones Barnabas, 1993), p. 14). Wagner utiliza la idea de influir en un grupo de personas hacia el propósito de Dios para definir el «don del liderazgo» en el Nuevo Testamento (Ro. 12:8). Él dice: «El don del liderazgo es la habilidad especial que Dios da a ciertos miembros del Cuerpo de Cristo para fijar metas de acuerdo con el propósito de Dios para el futuro y para comunicar estas metas a otros de tal manera que trabajen juntos voluntaria y armoniosamente para lograr esas metas para la gloria de Dios» (*Sus Dones Espirituales Pueden Ayudar al Crecimiento de Su Iglesia* (Ventura, CA: Regal Books, 1979), pág. 162). El seminario de TOUCH Outreach para los supervisores de zona describe a un líder como «... una persona que **anima** a otros, que **motiva** a otros para lograr las metas del grupo...» (Zona Supervisor Seminar (Houston, TX: TOUCH Outreach Ministeries, 1997), F-1). En este libro seguiré el acuerdo general anterior de que un líder es uno que influye en un grupo particular para lograr su meta.
5. Robert J. Clinton, Perspectivas del Liderazgo (Altadena, CA: Publicaciones Barnabas, 1993), p. 14.

CAPÍTULO 1

1. Grupo de Investigación Barna (Ventura, Calif.). *Morrock News Digest* <http://morrock.com>8/12/99.
2. James Lardner, «Clase Mundial de Adictos al Trabajo» *U.S. News & World Report*:<http://www.usnews.com/usnews/issue/991220/overwork.htm>, 20/12/99.
3. «Estudio: Los Norteamericanos Trabajan Horas Más Largas», *Infobeat Morning Coffee Edition* <http://www.infobeat.com> (7/9/99). El informe estaba basado en cifras que cubren los años 1980-1997. Como promedio, los obreros americanos trabajaron 1.966 horas en el último año de la investigación, decía el estudio. En 1980, el promedio era 1.883 horas.
4. Geert Hofstede, «La Consecuencia de la Cultura» (Beverly Hills, CA: Publicaciones Sage, 1980), 230-231.
5. Pablo D. Stanley & J. Robert Clinton, «Conectando: Las Relaciones del Mentor Que Usted Necesita Para Tener Éxito en la Vida» (Colorado Springs, CO: NavPress, 1992), pág. 12.
6. Carl George, «Prepare Su Iglesia para el Futuro» (Grand Rapids, MI,: Fleming H. Revell, 1992), pág. 98.

CAPÍTULO 2

1. Juan Maxwell, «Desarrollando el Líder Dentro de Usted» (Nashville: Thomas Nelson Publ., 1993), pág. 80.
2. Pedro Wagner, «Su Iglesia puede Crecer» (Ventura, CA: Libros regios, 1976), pág. 91.
3. David Yonggi Cho, «Los Grupos Celulares Exitosos en los Hogares» (Plainfield, New Jersey: Logos Internacional, 1981), pp. 21-32.
4. Larry Stockstill, «El Camino Básico del Liderazgo», mensaje dado en la Conferencia Pastoral de la Iglesia Celular Nacional, 1998, en Baker, Louisiana, cassette de audio.
5. Yo visité la IPEY en abril, 1997, y estas eran las estadísticas en ese momento. El Pastor de Distrito siempre es un varón pero la inmensa mayoría de los Pastores de Zona (pastores de los subdistritos) son mujeres. Esto se me hizo obvio cuando fui de una oficina de distrito a otra.
6. Dale Galloway, Visión 20/20 (Portland, OR: Scott Publishing Comp., 1986), pág. 132.
7. William Brown, «Creciendo la Iglesia Por Medio de los Grupos Pequeños en el Contexto Australiano», D. Min., disertación (Pasadena, CA: Seminario Teológico Fuller, 1992), pág. 39.

8. Howard A. Snyder, El Wesley Radical (Downers Grove, IL: Inter-Varsity Press, 1980), pp. 57, 63 según lo cita Larry Kreider, De Casa en Casa (Houston, TX: TOUCH Publicaciones, 1995), pág. 24
9. Para una información completa sobre este tema, favor leer mi libro, Explosión de los Grupos Celulares en los Hogares: Cómo Su Grupo Pequeño Puede Crecer y Multiplicar (Editorial Clie). En resumen, descubrí que los líderes celulares exitosos, que multiplicaron su grupo, pasaban más tiempo buscando el rostro de Dios, dependiendo de Él para la dirección de su grupo celular. Ellos se preparaban primero y sólo después, la lección. Oraban diligentemente por sus miembros, y también por sus contactos no-cristianos. Pero los líderes celulares exitosos no se detenían con la oración. Descendían de la cima de la montaña para relacionarse con personas reales, llenas de problemas y dolor. Pastoreaban a los miembros de sus células, visitándolos regularmente. Se negaban a permitir que los obstáculos –que enfrenta todo líder de célula– los superaran. Mantenían fijos sus ojos en una meta: alcanzar un mundo perdido para Jesús por medio de la multiplicación celular.
10. Usado con permiso de la «Búsqueda del Sistema Pastoral Perfecto», pág. 4. Pastor Harold F. Weitsz es el pastor del Centro Cristiano Little Falls, Little Falls, Roodepoort, Africa del Sur. Actualmente hay 2500 miembros y 200 células.

CAPÍTULO 3

1. César Castellanos, Realizando la Transición a la Filosofía de la Iglesia Celular, audiocassette.
2. Carl George, La Próxima Revolución de la Iglesia (Grand Rapids, MI: Fleming H. Revell, 1994), pág. 48.

CAPÍTULO 4

1. Juan Maxwell, Desarrollando al Líder Dentro de Usted. 146.
2. Herb Miller, El Líder Capacitado: 10 Claves para un Liderazgo de Servicio (Nashville, Tennessee: Broadman & Holman Publishers, 1995), pág. 27.
3. Yo anoté las características del liderazgo de cinco libros y tomé en cuenta sus diferencias:

Liderazgo Espiritual por J. Oswald Sanders	*Liderazgo que Prevalece en un Mundo Que Cambia* por Juan Haggai	*Estilo del Liderazgo de Jesús* por Michael Youssef	*Aprenda a Ser un Líder* por G. S. Dobbins	*Los Líderes Se Hacen; No Nacen* por Ted Engstrom
• Disciplina • Visión • Sabiduría • Decisión • Valentía • Humildad • Integridad • Humor • Paciencia • Amistad • Prudencia • Inspiración • Toma de Decisiones • Escucha • Guerrero de Oración • Lector • Organizador	• Visión • Establece Metas • Amoroso • Humildad • Autocontrol • Toma Riesgos • Mucha Energía • Perseverante • Autoridad • Conocimiento	• Valentía • Amistad • Rompe Tradiciones • Generoso • Verdadero • Perdonador	• Buena Salud • Físicamente atractivo • Inteligente • Educación Superior • Claros Ideales • Entusiasta • Perseverante • Capacidad para aprender • Integridad • Buena Reputación • Fiel	• Integridad • Visionario • Voluntad para vencer obstáculos • Capacidad para recibir corrección • Flexibilidad • Comprometido con las personas

4. Warren Bennis & Burt Nanus, Líderes: Las Estrategias para Asumir el Mando (Nueva York: Harper Perennial, 1985), pág. 20.
5. Ídem., pág. 4.
6. Seminario de Supervisores de Zona (Houston, TX: TOUCH Outreach Ministeries, 1997), pág. F-1.
7. Gareth Weldon Icenogle, Fundaciones Bíblicas para el Ministerio De los Grupos Pequeños (Downer's Grove, IL.: InterVarsity Press, 1994), pág. 179.
8. Herb Miller, El Líder Capacitado: 10 Claves para un Liderazgo de Servicio (Nashville, Tennessee: Broadman & Holman Publishers, 1995), pág. 64.
9. Cita en «CellChurch Magazine», Verano, 1996, p. 8.
10. Steve Barker, Judy Johnson, Rob Malone, Ron Nicholas, & Doug Whallon, Las Cosas Buenas Llegan en Grupos Pequeños (Downers Grove, Il., 1985), p. 44.

N O T A S

11. TABLA: TIEMPO PROMEDIO REQUERIDO PARA EL COMPROMISO CRISTIANO

TRES MESES	CCG
UN AÑO	IBCF
TRES MESES UN AÑO	MCI IAV
SEIS MESES	COMB
DOS AÑOS	IAV
SEIS MESES	IE
TRES AÑOS	IPEY

12. El Diccionario de la Herencia Americana del Idioma Inglés, 3ª Edición, s.v. «valor».
13. El Tesauro Original de Roget de las Palabras y Frases Inglesas s.v. «valor».

CAPÍTULO 5

1. James M. Kourzes & Barry Z. Posner, El Desafío del Liderazgo: Cómo Seguir Consiguiendo Que Se Hagan Cosas Extraordinarias En Las Organizaciones (San Francisco, CA: Jossey-Bass Publishers, 1995), pp. 9-10.
2. Stephen Pile, El Libro de los Fracasos, citado por Terry Powell, Usted Puede Dirigir un Grupo de Discusión Bíblica (Sisters, OR: Mulnomah Books, 1996), pág. 14.
3. Tomado del artículo por Greg Lee, «La Llave al Crecimiento: La Multiplicación», CellChurch Magazine, Invierno, 1996: 15.
4. James M. Kouzes & Barry Z. Posner, pág. 69.
5. Michael Lewis, «La Secta del Fracaso en el Valle de Silicón», Slate Magazine. Internet, Ene. 21, 1998.
6. Juan Maxwell, Las 21 Leyes Irrefutables del Liderazgo (Nashville, TN: Thomas Nelson Publicaciones, 1998), pág. 27.
7. Fraternidad Cristiana de Guatemala, El Perfil de un Líder (Guatemala), pág. 1.
8. Juan Maxwell, Desarrollando al Líder Dentro de Usted, pág. 164.
9. Ídem., pág. 165.
10. Bill Gates, Negocio a la Velocidad del Pensamiento: Usando un Sistema Nervioso Digital (Nueva York: Warner Books, 1999), pp. 470
11. Donald McGavran, Entendiendo el Crecimiento de la Iglesia 3ª Ed. (Grand Rapids, MI: William B. Eerdmans Publishing Co., 1990), pág. 265.

12. Yo he oído personalmente a Wagner hacer este comentario en el Seminario Teológico Fuller. El contexto para la declaración era el crecimiento de la iglesia; pastores que producen poco pero que trabajan de día y de noche. Wagner enseñó la importancia de un trabajo enfocado y estratégico.
13. David Yonggi Cho, Manual del Crecimiento de la Iglesia No. 7 (Seúl, Corea: «Church Growth International», 1995), pág. 18.
14. Ídem.
15. «Ministerio de Profesionales», Manual Operativo Células, Misión Carismática Internacional, 1996.
16. Gran parte del éxito del crecimiento de la iglesia que experimentamos en la iglesia de El Batán en Quito, Ecuador, tenía que ver con la pasión que poseía el equipo de liderazgo de establecer metas de crecimiento de iglesia claras y específicas y luego desplegar esas metas visiblemente en un enorme cartel de plástico.
17. William A. Beckham, La Segunda Reforma (Houston, TX: Touch Publicaciones, 1995), pág. 223.
18. Stephen R. Covey, Los 7 Hábitos de Personas Muy Eficaces (Nueva York: Simon y Schuster, 1989), págs. 101-106.
19. Según lo cita Michael E. Gerber, en El Mito E (Nueva York: HarperBusiness, 1995), pág. 69.
20. Rick Warren, Cómo Edificar Una Iglesia Con Propósito (Saddleback Seminar Workbook, 1995), pág. 10.
21. Por otro lado, Barna en su libro, El Poder de la Visión (Ventura, CA,: Regal Books, 1992), le aconseja al líder que no use eslóganes. Él siente que los eslóganes tienen una tendencia a trivializar la visión en lugar de simplificarla (pág. 140). Uno de los subtítulos dice: «Archive los Eslóganes» (139).
22. George Barna, El Poder de la Visión (Ventura, CA: Regal Books, 1992), pág. 143.
23. Mientras hacíamos la transición en la Iglesia de la República de una iglesia con células a una iglesia celular en 1997-1998, algunos líderes «sintieron» que estábamos haciendo demasiados anuncios sobre nuestra identidad como iglesia celular. El flujo constante de anuncios, sin embargo, solidificó nuestra nueva identidad de iglesia celular y les dio a las personas una comprensión clara de nuestra nueva orientación. A los siete meses, triplicamos el número de grupos celulares y la asistencia a las células se duplicó.
24. Éste parece ser un problema constante entre los líderes latinos. Cuando trabajan sus metas para el futuro, he notado una tendencia a ser muy poco realistas.

25. Burt Nanus, Liderazgo Visionario (San Francisco, CA: Jossey Boss Publicaciones, 1992), pp. 159-161.
26. David Yonggi Cho, Manual para el Crecimiento de la Iglesia No. 7, pág. 27.

CAPÍTULO 6

1. Juan Maxwell, Desarrollando a los Líderes Alrededor Suyo, pág. 3.
2. David J. Bosch, «La Estructura de la Misión: Una Exposición de Mateo 28:16-20» Explorando el Crecimiento de la Iglesia. Wilbert R. Shenk (Grand Rapids, MI: Eerdmans, 1983), pp. 228-233.
3. Robert Wuthnow, Compartiendo el Viaje (Nueva York: The Free Press, 1994), pág. 246.
4. George Hunter III, La Iglesia para los que no Asisten a la Iglesia (Nashville: Abingdon Press, 1996), pág. 101.
5. Ídem., pág. 97.
6. David Yonggi Cho, Manual para el Crecimiento de la Iglesia No. 7, pág. 19.
7. Karen Hurston, Creciendo la Iglesia más Grande del Mundo (Springfield, MI: Crisma, 1995) pp. 102-105.
8. Ídem., pág. 218. Esto era un estudio realizado en 1987. Todos nosotros podemos aprender del ejemplo de la IPEY. Aparte de la oración ferviente, su asombroso éxito de los grupos celulares ha resultado de la visitación consistente y planificada. Mientras visitaba las oficinas celulares en IPEY y pasaba tiempo hablando con los líderes de distrito, noté un modelo claro: los Pastores de Distrito y los subpastores de Distrito pasan la mayor parte de su tiempo visitando. De hecho, el único informe semanal requerido en IPEY registra el número y tipo de visitas que cada Pastor de Distrito realizó. Los líderes celulares alrededor del mundo harían bien en tomar su ejemplo. El discipulado de los nuevos creyentes está íntimamente relacionado con la visitación de las células en IPEY. El subpastor de distrito y el Líder de Sección visitan a los nuevos convertidos. Ellos comparten testimonios con el nuevo creyente y lo invitan a recibir a Cristo en su presencia. Estos nuevos convertido se ponen en la célula más apropiada según la edad, estado civil, y situación de la persona. El Cristiano Centro de Guayaquil ha seguido el ejemplo de Cho de visitar diligente y consistentemente. Los líderes de zonas en el CCG hacen aproximadamente cuarenta visitas por semana. Esto asciende a aproximadamente novecientas veinte visitas por todos los líderes de zona por semana. Estas visitas están dirigidas a los miembros celulares, nuevos convertidos y vi-

sitantes a la iglesia, en ese orden. El Pastor de Zona siempre está alerta en cuanto a la posibilidad de abrir una nueva casa para tener un grupo celular, un futuro líder o la posibilidad de formar dos grupos celulares. Muchos de los grupos nuevos comienzan como resultado de las visitas diligentes por parte de los Pastores de Zona.

9. La Misión Carismática Internacional tiene un manual completo dedicado a decirles a los líderes celulares cómo visitar sistemáticamente.

CAPÍTULO 7

1. Jim Egli y Pablo M. Zehr, Modelos Alternativos de la Formación Pastoral Menonita (Elkhart, EN: Instituto de Estudios Menonitas, 1992), pág. 43.
2. Ídem., pág. 41.

CAPÍTULO 8

1. Howard Hendricks, Cuando el Hierro Afila el Hierro (Chicago, IL: Moody Press, 1995), pág. 26.
2. Shirley Peddy, El Arte de Ser Mentor: Dirigir, Seguir y Salir del Camino (Houston, TX: Bullion Books, 1998), 24.
3. Robert Clinton, El Manual del Mentor (Pasadena, CA: Barnabas Publishers, 1991), c. 2, 3.
4. Ídem.
5. Adaptado de Pablo D. Stanley & J. Robert Clinton, Conectando: Las Relaciones de Mentor Que Usted Necesita Para Tener éxito en la Vida (Colorado Springs, CO: NavPress, 1992), pág. 42.
6. Ídem., pág. 94.
7. Howard Hendricks, pág. 28.
8. Ídem., pág. 27.
9. Shirley Peddy, pág. 46.
10. Robert Clinton, El Manual del Mentor, ch. 2, 17.
11. James Flaherty, Adiestrando: Evocando la Excelencia en Otros (Boston, Butterworth-Heinemann, 1999), pág. 11.
12. Marcos Jobe, «El Estilo de Chicago de Hacer Discípulos», CellChurch Magazine Verano, 1995: 6.

NOTAS

CAPÍTULO 9

1. Bill Gates, pág. 380.
2. P. Hersey y K. Blanchard, La Administración de la Conducta en la Organización (New Jersey, Prentice Hall, 1988), pág. 170.
3. Icenogle, pp. 166-167.
4. Ídem., pág. 167.
5. P. Hersey y K. Blanchard, 182.
6. C. Pedro Wagner, Dirigiendo Su Iglesia al Crecimiento (Ventura, CA,: Regal Books,1984), pág. 59.
7. Ídem., pág. 58.
8. Carl George, Prepare Su Iglesia para el Futuro, pág. 67.
9. C. Pedro Wagner, Dirigiendo Su Iglesia al Crecimiento, pp. 58-59.
10. Carl George, Cómo Romper las Barreras del Crecimiento (Grand Rapids, MI: Baker Book House, 1993), pp. 85-108.
11. Ídem., pág. 105.
12. En muchas iglesias celulares hoy día, hay niveles superiores de liderazgo, de modo que el pastor realmente se entrena para los que están sobre cinco células, etc., y no los líderes celulares mismos, personalmente.
13. J. Robert Clinton, La Formación de un Líder (Colorado Springs, CO: NavPress, 1988), pág. 23. Los líderes que Clinton y sus estudiantes han estudiado incluyen caracteres bíblicos, líderes cristianos históricos y líderes contemporáneos.
14. Ídem., pág. 33.
15. Ídem., pág. 115.
16. Ídem., pág. 83.

CAPÍTULO 10

1. Neal F. McBride, Cómo Edificar un Ministerio de los Grupos Pequeños (Colorado Springs, CO: NavPress, 1995), pág. 128.
2. Ralph Neighbour, hijo, «7 Barreras al Crecimiento», CellChurch Magazine, Verano, 1997: p. 16.
3. Carl George, La Próxima Revolución de la Iglesia, pág. 79.
4. Carl George, Prepare Su Iglesia para el Futuro, pág. 135.
5. Pablo Benjamin citado en Michael Mack, La Iglesia Sinérgica (Grand Rapids, MI: Baker Books, 1996), pág. 64.
6. George Hunter III, pp. 120-121.
7. Randall Neighbour, «El Virus Come a los Líderes, Mata las Células», CellChurch Magazine, Verano, 1997», p. 8.

8. Bill Donahue, Dirigiendo Grupos Pequeños Que Cambian Vidas (Grand Rapids, MI: Zondervan, 1996), p.75.
9. Carl George, La Próxima Revolución de la Iglesia, pág. 46.
10. Glen Martin & Gary McIntosh, Creando la Comunidad (Nashville, TN: Broadman & Holman Publishers, 1997), pág. 113.
11. Randall Neighbour, p. 8.
12. Bárbara J. Fleischer, Facilitando para el Crecimiento (Collegeville, MN: La Prensa Litúrgica, 1993), pág. 21.
13. Ralph Neighbour, hijo, Manual de Guía del Pastor (Houston, TX: TOUCH Publicaciones, 1992), pág. 131.
14. La mayoría de estas técnicas fueron tomadas de Neal F. McBride, Cómo Construir un Ministerio de los Grupos Pequeños (Colorado Springs, CO: NavPress, 1995), pág. 127. Yo mezclé el orden y agregué el #4-retiro.
15. Ralph Neighbour, hijo, ¿Adónde Vamos De Aquí? (Houston, TX: TOUCH Publicaciones, 1990), pp. 361-362.
16. Ralph Neighbour, e-mail personal (1-18-98) Sobre el entrenamiento en aulas en IBCF escribió lo siguiente: «... en la fase de llegar a ser un líder celular, tenemos un paralelo con las clases de César [modelo de MCI] para entrenarlos. Se desarrollan ocho semanas de sesiones de dos horas, y yo he escrito 3 libros para el líder de la célula más la guía para el líder».
17. Mi propio mentor, Pedro Wagner, sólo enseña intensivamente durante una semana de duración en el Seminario Teológico Fuller. Su horario muy ocupado no le permite enseñar semanalmente por un periodo de tres a cuatro semanas.
18. Cuando mi esposa y yo empezamos el sistema celular en Ecuador, yo seguí un manual pequeño que recibimos de un misionero colega que era el pastor titular de una iglesia de la Alianza CyM en Colombia. El manual recomendaba tener sesiones de entrenamiento bimestrales continuadas con todos los líderes de las células. Seguimos el tenor general de ese modelo durante el tiempo que quedamos en Ecuador. Antes de dejar Ecuador, un colaborador clave (un misionero colega con quien yo había trabajado lado-por-lado en el ministerio celular) y yo volvimos a pensar en los 3 años anteriores del ministerio celular. Ambos estábamos de acuerdo en que las sesiones de entrenamiento continuadas eran la columna vertebral de nuestro ministerio celular. En mi propio manual celular, yo llamo a esta reunión bimestral, «el motor» del ministerio de los grupos celulares.
19. Floyd L. Schwanz, Creciendo Grupos Pequeños (Ciudad de Kansas, MO: Beacon Hill Press, 1995), pág. 122.

20. Ídem., pág. 121. Schwanz divide este tiempo en: inspiración, información e ilustración (modelando la célula). Hablando del tiempo de información, Schwanz dice: «Reunirse una vez por semana realmente es un ahorro de tiempo para los líderes. Su tiempo de preparación es muy pequeño. Después del entrenamiento ellos pueden salir y dirigir un grupo sin hacer ninguna tarea domiciliaria» (pág. 121).
21. Pablo Yonggi Cho, Grupos Celulares Exitosos en los Hogares, pág. 136.
22. Neal F. McBride, Cómo Edificar un Ministerio de los Grupos Pequeños, pág. 174.
23. Este entrenamiento podría ser semanal, bimestral o mensual. Realmente, he encontrado que cada tres semanas probablemente sea la mejor opción.

CAPÍTULO 11

1. El Paquete para el Viaje, de TOUCH Publicaciones consiste en una serie de libros (folletos).
2. Ralph Neighbour, hijo, El Equipo de Llegada (Houston: TX: TOUCH Publicaciones, 1993), pág. 11.
3. En El Paquete para el Viaje (TOUCH Publicaciones) usted encuentra el libro para todos los niveles de entrenamiento.
4. Ralph Neighbour, hijo, Bienvenido A Su Vida Cambiada (Houston, TX: TOUCH Publicaciones, 1995), p.14.
5. Ralph Neighbour, hijo, El Equipo de Llegada, pág. 41.
6. Ídem., pág. 41.
7. Ralph Neighbour, hijo, El Manual de Guía del Pastor, pág. 26.
8. Ralph Neighbour, hijo, La Guía del Patrocinador (Houston, TX: TOUCH Publicaciones, 1995), pág. 5.
9. Ídem., pp. 22-32.
10. Todos estos folletos están disponibles de TOUCH Outreach Ministeries. Inc. /P.O. Box 19888 / Houston, TX, 77224 / 713-497-790. El sitio web de TOUCH es simplemente: http://www.touchusa.org. Su número telefónico libre de cargo para pedir libros es 1-800-735-5865.
11. *Oikos* es la palabra griega para casa o personas de la casa en el Nuevo Testamento. Cuatro folletos del «Track Pack» se concentran en enseñarle al creyente nuevo cómo alcanzar a los no cristianos.
12. Ralph Neighbour, hijo, Manual de Guía del Pastor, pág. 27.
13. Ralph Neighbour, hijo, ¿Adónde Vamos De Aquí?, pág. 251.
14. Ralph Neighbour, hijo, Edificando Grupos, Abriendo Corazones (Houston, TX: TOUCH Publicaciones, 1991), p. 60.

15. Ralph Neighbour, hijo, Manual de Guía del Pastor, pág. 73.
16. Ralph Neighbour, hijo, Bienvenida A Su Vida Cambiada, pág. 4.
17. Ralph Neighbour, hijo, ¿Adónde Vamos De Aquí?, pág. 367.
18. Escrito por un equipo de pastores, Discipulado 201 (Baker, Louisiana: Centro de Oración Mundial Betania, 1998), pág. 4.
19. Larry Stockstill, «La Senda Básica del Liderazgo», mensaje dado en la Conferencia Pastores de la Iglesia Celular en 1998, en Baker, Louisiana, cassette de audio.
20. César Castellanos, Sueña y Ganarás el Mundo (Bogotá, Colombia: Vilit Editorial, 1998), pág. 104 y José María Villanueva, «El Desarrollo de los Encuentros», cassette de audio.
21. Claudia Castellanos, Encuentro: La Base del Discipulado, cassette de audio.
22. Mercedes de Acevedo, Formando para Formar, cassette de audio.
23. En octubre de 1996, la asistencia a un segundo Retiro de Encuentro era sólo un requisito para los líderes de los grupos celulares juveniles. Para marzo de 1997 toda la iglesia requería el segundo retiro. Es del conocimiento de todos en MCI que el ministerio de los jóvenes es el más eficaz en toda la iglesia. Supe de varios líderes que las ideas y los métodos son probados primero entre los jóvenes y si funcionan luego son implementados en toda la iglesia.
24. Los latinoamericanos, junto con la mayoría de las culturas cara-a-cara y orientadas hacia la familia, están muy orientados hacia el grupo. Ellos piensan y actúan como un grupo, en oposición a los individuos. Los norteamericanos, por otro lado, son muy individualistas. El que mejor investiga sobre esto es Geert Hofstede, en la Consecuencia de Cultura (Beverly Hills, CA: Sage Publicaciones, 1980). La investigación de Hofstede de 30+ culturas demostró que los norteamericanos son la sociedad más individualista en la tierra, considerando que los latinos tienden a estar entre la mayoría orientados hacia el grupo.
25. Esta información viene de un comunicado oficial titulado «Orando y Soñando Cumbre de Redes de Iglesias Celulares en Hong Kong» realizado a mediados de noviembre de 1997 (Neville Chamberlain, «Resumen de la Red de las Misiones de las Iglesias Celulares #14». 21 de noviembre de 1997. E-mail recibido de Ralph Neighbour el 22 de noviembre de 1997). El comunicado decía que en exactamente 3 meses desde la puesta en acción del nuevo plan, la iglesia experimentó un sorprendente miniavivamiento. Alrededor de 130 personas vinieron al Señor, se bautizaron 70, y 28 nuevos grupos celulares fueron formados. Mis esfuerzos por lograr un contacto con el pastor Raj para obtener estadísticas actuales han fallado.

26. Floyd L. Schwanz, pág. 120.
27. Las iglesias en EE.UU. que están usando el Modelo Meta a menudo sustituyen el Montón semanal por un Montón bimestral o inclusive mensual. El Montón continúa siendo un asunto muy importante.
28. Los que normalmente siguen el Modelo Meta para el ministerio de los grupos pequeños demuestran un compromiso a estos valores de los grupos pequeños: Variedad de grupos (escasa similitud entre los grupos –grupo tarea, grupos de interés especiales, grupos cerrados cerrados, grupos abiertos, grupos de restauración, etc.)–. Flexibilidad (con respecto a los materiales, multiplicación de los grupos, longitud de vida del grupo, etc.), Modelo Jetro (el sistema administrativo está estructurado según Éxodo 18), mezcla de los grupos pequeños con apoyo de programas adicionales de la iglesia.
29. He clasificado a la Iglesia de Saddleback bajo el Modelo Meta debido a las características de su ministerio de los grupos pequeños. Sin embargo, la iglesia no se ubica oficialmente en ningún modelo particular.
30. Carl George, La Próxima Revolución de la Iglesia, pág. 83.
31. En este tiempo, muy pocas Iglesias Meta insisten en el entrenamiento de liderazgo continuado bimestral (desde que el Modelo Meta ha sido ahora probado abiertamente).
32. Carl George, Prepare Su Iglesia para el Futuro, pp. 121-148.
33. George G. Hunter III, pág. 95.
34. Ídem., pág. 92.
35. No hay ninguna clase bíblica externa, TEE, o entrenamiento de un instituto bíblico. A los miembros se les enseña de una cierta interpretación de las Escrituras sin una exposición muy extensa. Aunque cada líder de célula predica con mucho fervor, no hay mucha preparación bíblica «en profundidad».

CAPÍTULO 12

1. Pablo Lee Tan, «Epigrama» Enciclopedia de 7700 Ilustraciones (Rockville, Maryland: Assurance Publicaciones, 1980), pág. 722.

CAPÍTULO 13

1. Pueden comprarse los materiales de TOUCH Outreach Ministeries, Inc. / P.O. Box 19888 / Houston, TX, 77224 / 713-497-790. El sitio web de TOUCH es simplemente: http://www.touchusa.org. Su número telefónico libre de cargo para pedir libros es 1-800-735-5865.

2. J. Peters Thomas, Creciendo en el Caos (Nueva York: Harper Perennial,1987), pág. 284.
3. Ídem.
4. Contacte la Misión Carismática Internacional por teléfono al (571) 565-7708, 337-9211; Facsímil (571) 269-6172; el E-mail: mci@latino.net.co
5. Contacte el Centro Cristiano Little Falls en lfcc@iafrica.com. Su sitio web es: http://www.cellchurchint.co.za / o http://www.lfcc.co.za /
6. El número telefónico de COMB es 504-774-1700. Para materiales/cintas, pídalas en Montie Pitts (MPitts@bethany.com)
7. El volumen 1 se titula La Guía de Estudio para los Grupos Celulares en los Hogares (Milton Keynes, Inglaterra: Word Publishing, 1990), por David Yonggi Cho. Hay varios volúmenes ahora disponibles.
8. Un ejemplo es un libro publicado por Lawrence Khong llamado Manual para Entrenamiento de Evangelización Tipo A (Singapur: Recurso TOUCH P/L, 1996). TOUCH Ministeries Internacional de Singapur ahora distribuye su propio material celular a muchas partes de Asia y alrededor del mundo. Ellos pueden ser ubicados por teléfono al 65-346-9020, Fax-65-345-6415 o e-mail: tmirong@singnet.com.sg
9. Pueden ubicar a Christian Equippers Internacionales por el 1-800-662-0909 o 916-542-1509, o por e-mail: Equip@Oakweb.com.

CAPÍTULO 14

1. D. Michael Henderson, las Reuniones de la Clase de Juan Wesley: Un Modelo Para Hacer Discípulos (Nappanee, IN: Evangel Publishing House, 1997), pág. 30.

APÉNDICE A

1. Ralph Neighbour, hijo, ¿Adónde Vamos De Aquí?, pág. 73.
2. Dale E. Galloway, 20/20 Visión, pág. 156.
3. William A. Beckham, La Segunda Reforma, pág. 168.
4. Él visita una célula todas las semanas; escribe el material de la célula, les da la visión a los líderes en la cumbre mensual, etc.
5. Hasta ahora, he multiplicado mi propio grupo celular cuatro veces y mi meta para 2000 es multiplicarlo dos veces más.
6. Quedé muy impresionado por el compromiso de Jorge Galindo al ministerio celular (el pastor titular anterior). Él se dio cuenta de que el pastor principal es la clave para el éxito del ministerio celular, y él estaba involucrado en reuniones semanales de planificación con los Pastores de Distri-

to, estímulo semanal de los Pastores de Zona, y asistencia semanal a una célula.

7. A diferencia de algunas iglesias celulares, los Pastores de Zona de IE no son estimulados a visitar un número fijo de personas.
8. El supervisor tiene cinco reuniones requeridas a las que él o ella deben asistir todas las semanas.
9. Más recientemente en la IAV se determinó que el líder de zona necesita tener más contacto con los grupos celulares. Parece que este papel se había vuelto más administrativo. No se suponía que los líderes de zona visitaran los grupos celulares, y así parece que su efectividad fue disminuida. La IAV está intentando corregir este problema.
10. A veces la administración podría tener una reunión de todos los tesoreros para compartir una necesidad financiera urgente en la iglesia. Todo el dinero recibido en el grupo va directamente a la iglesia, con la excepción de los grupos que necesitan contratar autobuses para el culto del sábado. En ese caso, cada otra ofrenda es para la iglesia. A los tesoreros se les confía la recepción de los diezmos y ofrendas de las personas.
11. David Yonggi Cho, Manual para el Crecimiento de la Iglesia No.7, pág. 21.
12. Peggy L. Kannaday, P.L., ed., El Crecimiento de la Iglesia y el Sistema Celular en los Hogares (Seúl, Corea,: Church Growth Internacional, 1995), pág. 128.
13. Dale Galloway, 20/20 Visión, pp. 133-134.

APÉNDICE B

1. El bautismo del Espíritu Santo se evidencia hablando en lenguas en MCI.
2. Curso de Formación de Líderes en una Iglesia Celular, Centro Cristiano de Guayaquil, Ecuador, agosto, 1997, 14.
3. Copia de la aplicación de calificaciones para el liderazgo en Manual de la Conferencia Celular Betania, junio, 1996.
4. Lunes, culto de enseñanza expositiva; martes, el Pastor de Zona se reúne con supervisores y líderes celulares; jueves, reunión de planificación para la célula; sábado, reunión de célula, y domingo, cultos normales.
5. En cuanto al tiempo, parece mucho más fácil ser un Pastor de Zona o de Distrito que un líder celular o supervisor.
6. Este mismo principio se aplica a los miembros de la célula que pueden asistir sólo a un grupo celular.
7. De las observaciones de Hurston, sólo a los líderes de Sección se les requiere que hablen en lenguas (1995:76). Ella también observa que para

llegar a ser un Líder de Sección, en contraste con un líder de célula, uno debe ser un líder celular durante por lo menos dos años (1995:75).

8. George G. Hunter III, pág. 88.
9. Ídem., pág. 92.
10. Dale Galloway, El Libro Del Grupo Pequeño (Grand Rapids, MI: Fleming H. Revell, 1995), pp. 90-92.

ÍNDICE TEMÁTICO

A

B

C

CH

D

E

F

G

H

I

J

K

L

M

N

O

P

Q

R

S

T

V

W

Dinámica para líderes
(1) Que caracteristicos debe tener un buen líder o perfecto líder?